Coup de foudre à Montréal

Nicolas Sconza

Coup de foudre à Montréal

Ernst Klett Sprachen
Stuttgart

Liste des abréviations

≠	le contraire de
→	mot de la même famille
etw	etwas
f	féminin
fam	familier
fpl	féminin pluriel
jdm	jemandem
jdn	jemanden
m	masculin
mpl	masculin pluriel
qc	quelque chose
qn	quelqu'un

1. Auflage   1 ^{5} ^{4} ^{3} ^{2} ^{1} | 2017 16 15 14 13

Alle Drucke dieser Auflage sind unverändert und können im Unterricht nebeneinander verwendet werden.
Die letzte Zahl bezeichnet das Jahr des Druckes. Das Werk und seine Teile sind urheberrechtlich geschützt. Jede Nutzung in anderen als den gesetzlich zugelassenen Fällen bedarf der vorherigen schriftlichen Einwilligung des Verlags. Hinweis zu § 52 a UrhG: Weder das Werk noch seine Teile dürfen ohne eine solche Einwilligung eingescannt und in ein Netzwerk eingestellt werden. Dies gilt auch für Intranets von Schulen und sonstigen Bildungseinrichtungen. Fotomechanische oder andere Wiedergabeverfahren nur mit Genehmigung des Verlags.

© Ernst Klett Sprachen GmbH, Rotebühlstraße 77, 70178 Stuttgart 2013.
Alle Rechte vorbehalten.
Internetadresse: www.klett.de / www.lektueren.com

Redaktion: Elena Bergmann
Layoutkonzeption: Elmar Feuerbach
Gestaltung und Satz: Eva Mokhlis, Swabianmedia, Stuttgart
Umschlaggestaltung: Sandra Vrabec
Titelbild: Shutterstock (Alphonse Tran) NY, New York
Druck und Bindung: AZ Druck und Datentechnik GmbH, Kempten
Printed in Germany

ISBN 978-3-12-591418-6

Table des matières

Liste des abréviations	4
Préface	6
Chapitre 1	8
Chapitre 2	14
Chapitre 3	22
Chapitre 4	29
Chapitre 5	34
Chapitre 6	39
Chapitre 7	44
Chapitre 8	49
Chapitre 9	52
Chapitre 10	60
Canada et Montréal	69
Activités après l'écoute ou la lecture	70
Fichier audio en ligne	80
Crédits photographiques	80

Préface

Chères lectrices, chers lecteurs,

Le livre que vous avez en mains fait partie d'une collection qui va vous permettre de

- vous divertir grâce à la lecture d'une histoire. Laissez-vous prendre par le suspense et le récit !
- découvrir le petit îlot de la Francophonie qu'est Montréal. Partez en voyage dans cette ville dont certaines facettes sont peut-être encore inconnues ! Par contre, ne croyez pas tout ce qu'on vous dit ! Si les lieux de l'histoire sont tous bien réels, l'action, elle, est une pure fiction !
- perfectionner votre maîtrise du français tant à l'écrit (grâce à cette lecture) qu'à l'oral, à l'aide du matériel audio au format MP3. Vous trouverez le code d'accès Internet en dernière page. Laissez-vous bercer par la musique des mots !

Comment vous divertir à la lecture d'un texte destiné à étudier le français langue étrangère ?

Chaque lecteur étant différent, nous ne sommes pas en mesure de vous donner la recette idéale pour entrer dans le récit. Par contre, nous pouvons vous donner quelques conseils qui devraient vous être d'une grande aide.

- N'ouvrez pas votre dictionnaire, surtout n'essayez pas de traduire chaque mot. Faites appel à vos connaissances de votre langue maternelle ou d'une autre langue.
- Essayez de comprendre de quoi il est question en vous aidant du contexte et de ce que vous avez compris dans les chapitres précédents. Vos connaissances de la langue française sont certainement suffisantes pour vous permettre de comprendre l'essentiel. Et puis, les mots posant réellement un problème sont annotés en bas de page.

- Essayez de visualiser ce que vous lisez. Un livre, ce n'est pas une suite de mots imprimés. Entrez dans la lecture, le livre vous raconte un moment de la vie des personnages, dans un lieu bien particulier. Imaginez-vous ces personnages, représentez-vous leur façon d'être, le cadre dans lequel ils évoluent. En bref, faites preuve d'imagination ! Et si celle-ci venait à vous manquer, prenez quelques minutes pour regarder les photos de Montréal. Elles vous aideront à ressentir l'atmosphère dans laquelle se déroule l'histoire.

Et puis, pourquoi des activités en fin de livre ?

- Les activités vont vous permettre de vérifier que vous avez bien compris l'histoire.
- Si vous le désirez, vous pouvez aller au-delà de l'exercice : Travaillez à plusieurs, essayez d'écrire une histoire du même genre, allez sur Internet et faites des recherches sur la région. Trouvez une autre fin à l'histoire.
- Finalement, si vous n'arrivez toujours pas à voir ces activités comme un jeu, dites-vous qu'elles vous aideront à analyser, interpréter ou commenter un texte.

Considérez votre livre comme un ami qui vous accompagne un petit moment et qui vous aide à développer votre esprit critique. Partez à sa découverte !

Et maintenant, assez parlé. Place à la lecture !

Rue Saint-Denis

1 Devant sa tasse de chocolat chaud, Éric, les cheveux châtains en bataille, essaie de se réveiller. Son regard noisette rêveur se perd par la fenêtre au loin en direction des arbres aux couleurs en feu. En ce jour d'automne et à cette
5 heure matinale, la colocation dort encore profondément. Il aime se lever avant les autres car il a ainsi l'impression que la journée lui appartient. Depuis son arrivée à Montréal il y a un mois, tout est allé très vite : la lettre du programme d'échange qui lui apprend qu'il a reçu la bourse, la colocation qu'il a trouvée grâce à une petite
10 annonce sur Internet, le jour de son départ à l'aéroport de Marseille-Marignane avec son père et sa mère, des larmes dans les yeux, le vol de huit heures au-dessus des nuages et de l'océan Atlantique, le métro de Montréal avec ses écrans de publicité entre les rails. Puis,

2 **en bataille** ≠ en ordre – 2 **se réveiller** ne plus dormir – 2 **noisette** marron clair – 5 **une colocation** un appartement ou une maison où plusieurs personnes habitent – 5 **profondément** tief – 6 **ainsi** comme ça – 7 **appartenir à qn** être à qn – 9 **une bourse** Stipendium – 11 **une larme** liquide qui sort des yeux quand on pleure – 13 **un rail** Schiene

8

c'est la rencontre de ses deux colocataires montréalais, très gentils et souriants, leur drôle d'accent. Beaucoup de changements en peu de temps. Aujourd'hui, il décide de profiter du soleil et d'aller se promener dans le parc Mont-Royal à côté de chez lui. Il prépare des sandwichs avec du fromage et les met dans son sac à dos avec une bouteille d'eau.

La partie de la rue Saint-Denis où il habite, tout près du métro Sherbrooke, n'est pas loin du parc du Mont-Royal. Éric veut profiter des belles journées du mois de septembre avant que la neige et le froid polaire ne s'installent. Dans la rue, il regarde, fasciné, les façades à l'architecture classique, les hauts escaliers de pierre qui protègent l'entrée des appartements de la neige en hiver. Tout est très différent de Marseille ici. Au square Saint Louis, il voit des écureuils qui courent sur l'herbe et sur les feuilles jaunes orange. C'est la première fois qu'il voit des écureuils en vrai. Ils viennent près de lui, ils veulent à manger et n'ont pas peur. Autour de lui, il voit des gens qu'il ne connaît pas et qui lui sourient. Il se dit qu'à Marseille, les inconnus ne sont pas aussi souriants dans la rue.

Un écureuil au parc du Mont-Royal

1 **un colocataire** qn qui habite dans un appartement ou une maison avec plusieurs personnes –
2 **souriant, e** qui fait un sourire – 14 **un écureuil** Eichhörnchen – 16 **autour de qn/qc** um jdn/etw herum – 18 **un inconnu** qn qu'on ne connaît pas

Arrivé au pied du parc du Mont-Royal, il commence à marcher sur un chemin qui monte. Après un long moment, il se retourne et admire la ville avec ses gratte-ciel de verre : ronds, carrés, pointus. Ce jour-là, les feuilles des arbres ont toutes les nuances de couleur :
⁵ vertes, jaunes et rouge feu sous le soleil d'automne. Il respire l'air pur et frais, mélangé à une odeur de terre poivrée. Au loin, il voit l'architecture en forme de cygne du stade olympique et l'immense fleuve Saint-Laurent. Sous le soleil tiède de septembre, il se sent heureux. Ses parents lui manquent mais il sent une excitation
¹⁰ nouvelle. C'est la première fois qu'il part dans un autre pays aussi longtemps, loin d'eux. Il est seul mais n'a pas peur. Tous les jours, il découvre des facettes nouvelles de cette ville extraordinaire. Tout est possible ici, il le sait.

Vue du Mont-Royal

2 se retourner sich umdrehen – **3 un gratte-ciel** Wolkenkratzer – **3 carré, e** quadratisch – **3 pointu, e** spitz – **5 respirer** *ici* : einatmen – **6 frais, fraîche** légèrement froid – **6 mélanger à qc** mixer avec qc – **6 une odeur** ce qu'on sent – **6 poivré, e** → **le poivre** – **7 un cygne** Schwan – **8 un fleuve** Fluss – **8 tiède** entre chaud et froid

Il continue de se promener et décide d'aller au Lac aux castors, son endroit préféré dans le parc du Mont-Royal. Beaucoup de promeneurs aiment faire du jogging autour du lac ou profiter du soleil sur l'herbe. Éric aime en faire le tour, regarder les gens détendus, écouter les conversations, en français avec l'accent nasal québécois, ou en anglais, qui lui rappellent les séries américaines. Ce soir, il mange avec ses colocataires Rémi et Élise. Comme il est déjà tard, il accélère le pas. Il longe la rue Saint-Denis. Il aime l'ambiance des rues de Montréal le soir, les lumières de la ville, les restaurants qui proposent les spécialités du monde entier et les cafés pleins de monde.

Quand il ouvre la porte de l'appartement, il sent une bonne odeur qui vient de la cuisine. Rémi a préparé la cipaille, un plat de sa région, la Gaspésie, composé de viande, de pâtes et de pommes de terre. Pendant le repas, les colocataires parlent de leurs études. Ils sont dans la même université que lui. Éric doit faire des progrès pour comprendre les autres. Les Québécois parlent avec le nez et les expressions sont différentes de celles de la France. « Ma blonde » veut dire ma copine, « mon chum » mon copain et « le char » la voiture. Rémi et Élise trouvent l'accent français d'Éric amusant. En plus, il a l'accent du soleil, du sud de la France, chantant.

– Pourquoi as-tu choisi l'université McGill pour tes études de biologie ? Tu préfères pas les cours en français ? lui demande Rémi.

Rémi est grand, brun et sportif. Il joue dans une équipe de hockey sur glace et travaille, à côté de ses études, comme journaliste indépendant pour le journal *Le Devoir*. C'est lui qui a répondu à la petite annonce d'Éric.

– Les cours en français, je les ai à Marseille. McGill est partenaire de mon université française. Montréal, c'est aussi l'occasion de pratiquer l'anglais.

---

1 un castor Biber – **3** un promeneur se promener – **5** détendu, e ≠ stressé – **6** rappeler qc/qn à qn
qn se souvient de qc/qn – **8** accélérer le pas marcher plus vite – **8** longer entlanggehen – **10** entier,
-ière tout – **14** la viande Fleisch – **14** les pâtes *fpl* les nouilles – **15** les études *fpl* Studium – **16** faire des
progrès Fortschritte machen – **19** vouloir dire heißen

– C'est pas trop difficile pour un Français ? Nous, les Québécois, nous sommes presque tous bilingues alors que vous les Français, vous n'avez qu'une langue.
– C'est vrai, mais j'ai réussi les tests d'anglais. Au début, c'était pas facile de suivre les cours, mais les professeurs sont très gentils et prennent le temps après les cours de m'expliquer si je n'ai pas compris quelque chose.
– Tu sais que les étudiants donnent des notes aux professeurs ? Ils ont intérêt à être gentils avec toi, dit Élise.
– Non, je savais pas. En France, ce serait un scandale. Mais en même temps c'est vrai que les professeurs sont moins disponibles pour leurs étudiants, c'est dommage, répond Éric.
– Il faut que les étudiants les notent alors ! Beaucoup d'étudiants français viennent étudier au Québec parce que l'État investit plus d'argent dans les universités, lance Élise.

Élise étudie à McGill la sociologie. Elle est la plus ancienne dans la colocation. L'appartement appartient à ses parents et elle le partage avec des colocataires depuis trois ans. Éric trouve qu'elle a beaucoup de charme avec son petit grain de beauté au-dessus de la lèvre, sur le coté. Son visage et ses yeux ronds verts clairs lui rappellent un peu les filles des mangas japonais. Elle lui plaît beaucoup.

Élise l'arrache à ses pensées :
– Si tu étudies la biologie, tu t'intéresses certainement aussi à l'environnement, tu devrais aller à la Biosphère, c'est un très beau musée moderne. Il est sur l'île Saint-Hélène.
– Oui, je l'ai vu dans mon guide de Montréal, répond Éric.

Après le repas, les trois restent encore assis longtemps et parlent de choses et d'autres. Plus tard, chacun se retire dans sa chambre. La

---

9 avoir intérêt à faire qc être intéressant pour qn de faire qc – **11 disponible** libre – **14 étudier** apprendre à l'université – **14 l'État** *m* Staat – **15 lancer** *ici* : dire – **16 ancien, ne** *ici* : qui habite là le plus longtemps – **17 appartenir à qn** jdm gehören – **18 partager un appartement** vivre dans un appartement avec une ou plusieurs personnes – **19 un grain de beauté** Leberfleck – **20 une lèvre** Lippe – **23 arracher qn à ses pensées** jdn aus seinen Gedanken reißen – **28 assis, e** → asseoir – **29 se retirer dans qc** aller dans qc

chambre d'Éric est grande. Un lit, un bureau et un canapé avec une table basse. Il prépare son sac pour les cours du lendemain. Il entend quelqu'un frapper à la porte. Il ouvre, c'est Élise.
- Ça te dit d'aller demain à la Biosphère après les cours ? Il y aura sûrement beaucoup d'écoliers, mais ça vaut le coup d'essayer.
- D'accord. 16 heures, ça te va ?
- Oui, parfait. Bonne nuit !

1 **un canapé** un sofa – 3 **frapper** faire un mouvement de la main contre la porte – 4 **Ça te dit de…** ? Tu as envie de… ?

La Biosphère

2

Le lendemain après les cours, Éric a rendez-vous avec Élise à la Biosphère. Il sort à la station de métro Jean Drapeau. Sur l'île Saint-Hélène, il n'a pas l'impression d'être en ville mais à la campagne. Il y a toutes sortes d'oiseaux dans les arbres et des castors aussi grands que des chiens. De loin, il remarque la grosse boule transparente de la Biosphère. Il voit Élise qui l'attend devant l'entrée.

– Ça fait longtemps que tu attends ? demande-t-il.
– Non, je viens d'arriver. On y va ?

Éric trouve que cette grosse boule ressemble à un musée d'art moderne. Un groupe d'enfants attend pour participer aux activités

5 **remarquer qc** voir qc – 10 **ressembler à qc/qn** être comme qc/qn

éducatives. Avec Élise, ils lisent le programme des expositions et décident d'aller voir celle sur les changements climatiques et leurs conséquences sur l'environnement intitulée « Qu'est-ce que ça change ? ». Grâce à un globe interactif qui fonctionne avec
5 des images satellite, on peut voir d'où viennent les phénomènes météorologiques comme les ouragans.

La Biosphère

Seul avec sa colocataire, Éric la voit sous un jour nouveau. C'est avec des yeux d'enfants qu'ils découvrent les écrans. Elle lui prend le bras pour lui montrer les jeux sur ordinateur et jouer avec lui. Et
10 c'est à deux qu'ils utilisent les écouteurs pour suivre les reportages sur les changements du climat. Il sent naître une complicité entre eux.

En sortant, ils décident d'aller dans le Vieux-Montréal, le centre historique de la ville. Ils descendent à la station Champ-de-Mars et
15 marchent jusqu'à la place Jacques-Cartier.

---

2 **un changement** → changer – 6 **un ouragan** Orkan – 7 **sous un jour nouveau** comme il ne l'avait jamais vue – 10 **utiliser qc** *ici* : mettre qc – 10 **les écouteurs** *mpl* ce qu'on met sur les oreilles pour écouter qc – 11 **naître** *ici* : se passer – 11 **la complicité** *ici* : Vertrautheit

– Ici, c'est toujours comme ça, explique Élise. Il y a toujours beaucoup de touristes.

Éric voit des comédiens et des gens du cirque qui jouent sur la place devant des masses de touristes étonnés qui jettent des pièces.

5 – On va boire un coup ? Je connais un café sympa pas loin d'ici où il y a moins de touristes.

Place Jacques-Cartier ; du nom de l'Européen qui a découvert le Canada au 16ᵉ siècle

Éric et Élise entrent dans un café du quartier historique à la décoration soignée et au mobilier design moderne. Chaises rouges, tables blanches, murs gris.

10 – C'est vrai que c'est sympa ici, dit Éric.
– Je connais plein de cafés ici, celui-ci me plaît pour son design.

Élise explique à Éric qu'elle est née à Montréal et qu'elle aime sa ville. Il lui fait part de ses impressions.

– C'est une très belle ville, très américaine, il me semble.

15 – Tu veux dire qu'avec les gratte-ciel, ça ressemble à une ville américaine ?

4 **étonné, e** erstaunt – 4 **une pièce (de monnaie)** *ici* : Geldstück – 5 **un coup** *ici* : un verre – 13 **faire part à qn de qc** dire qc à qn – 14 **sembler** scheinen

– Oui, c'est ça.
– Mais attention, nous les Québécois, on ne veut pas être pris pour des Américains. Même si on parle beaucoup l'anglais à Montréal, le français est la langue officielle du Québec. On est très fiers de ça. Tu catches ?
– Quoi ?
– « Catcher », ça veut dire « comprendre ».
– Vous voulez pas être pris pour des Américains mais vous utilisez des mots anglais…
– On l'a rendu francais, « catcher ». Nous, on utilise moins d'anglicismes que vous. Par exemple, on ne dit pas « faire du shopping » comme vous, c'est snob.
– Vous dites quoi alors ?
– « Faire du magasinage ».
– Chez nous, c'est un mot technique, le magasinage, ça veut dire ranger des produits dans un magasin, pas les acheter, dit Éric en riant.
– Anyway, on ne dit pas « shopping », nous !
– Oui, mais tu dis « anyway », tu sais qu'on a un mot français pour ça : « quoiqu'il en soit ».
Élise lui sourit.
– Même si t'es français, t'es fin.
– Je suis mince ?
– Non, « fin », ça veut dire « gentil ».
– Pas facile le québécois…
– Et non, il faut t'adapter ici. En fin de semaine, il y a une fête dans une colocation chez une amie qui habite à Hochelaga-Maisonneuve, un quartier populaire de Montréal. Ça te dit de venir ?
– Oui, merci pour l'invitation. Tu veux dire une « party » ce « week-end » ?
– Très marrant ! Viens, je vais te montrer le Vieux-Port, c'est tout près d'ici.

2 **être pris pour qn** für jdn gehalten werden – 4 **fier, fière de qc/qn** stolz auf etw/jdn – 10 **rendre** ici : faire devenir – 32 **marrant, e** amusant

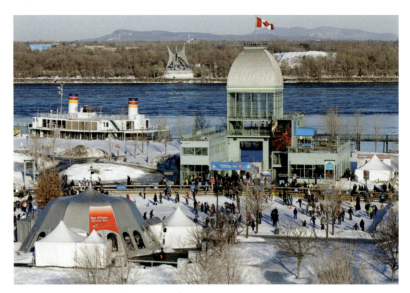

Le Vieux-Port

Arrivés sur le Vieux-Port de Montréal, dans la rue de la Commune, Élise et Éric s'arrêtent pour admirer la vue. Leurs épaules se touchent, Éric a l'impression qu'ils sont maintenant plus proches et qu'une complicité les unit. Éric se sent bien. Il regarde le port.
5 Le fleuve Saint-Laurent est immense et ressemble à une mer. Et il n'a pas l'impression que ce port est vieux, bien plus récent que le Vieux-Port de Marseille, sa ville natale. Et plus propre aussi, beaucoup plus propre, sûrement grâce au courant. Il se souvient des taches d'huile à la surface de l'eau devant les barques quand
10 son père l'emmenait à la pêche sur son petit bateau à moteur.

Le lendemain, après ses cours du matin à l'université, Éric se promène dans la rue University. Il passe devant la cathédrale Christ Church dont la tour ancienne se reflète dans la façade de verre. Architectures anciennes et modernes cohabitent de manière

---

2 **la vue** panorama – 2 **une épaule** Schulter – 3 **proche** *ici :* intime – 4 **unir** mettre ensemble –
5 **un fleuve** Fluss, Strom – 6 **récent, e** nouveau, moderne – 7 **natal, e** d'origine – 7 **propre** *ici :* ≠ sale –
8 **le courant** *ici :* eau qui bouge – 8 **se souvenir de qc/qn** penser encore à qc/qn – 9 **une tache d'huile** Ölfleck – 9 **une barque** un petit bateau – 10 **emmener qn** prendre qn avec – 14 **cohabiter** exister ensemble

harmonieuse, cette ville lui plaît vraiment beaucoup. Tout à coup, il remarque Élise dans les bras d'un homme d'âge mûr, habillé d'un costume-cravate, aux cheveux poivre et sel. Ils discutent de l'autre côté du trottoir. Elle ne voit pas Éric. Il s'arrête et les observe un moment. Elle n'est pas détendue et souriante comme à son habitude. Elle semble stressée. La scène ne dure pas longtemps. Éric attend que l'inconnu s'éloigne. Il décide de traverser pour aller dire bonjour à Élise mais il remarque qu'elle pleure. Ce n'est pas le bon moment. Éric se demande qui est cet inconnu qui fait pleurer Élise.

Samedi soir, Éric se prépare dans la salle de bain pour la fête de la copine d'Élise. C'est la première fois qu'il va

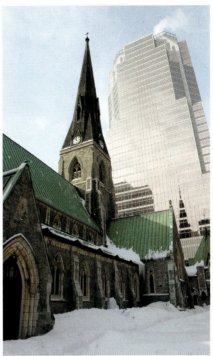

Cathédrale Christ Church

à une fête organisée dans une colocation à Montréal. Il se demande comment seront les gens et quelle ambiance il y aura. Tout à coup, il entend frapper à la porte.

– Éric, dépêche-toi, il faut que je me maquille !
– Oui, j'ai fini, deux secondes.

Dans la rue en bas de l'immeuble ancien, Éric entend de la musique. Il lève la tête et voit du monde au balcon du troisième étage. Il se

---

2 **d'âge mûr** bien plus vieux – 2 **habillé, e** avec des vêtements – 2 **un costume** Anzug – 4 **poivre et sel** *pour les cheveux* graumeliert – 9 **détendu, e** ≠ stressé – 12 **durer** prendre du temps – 28 **se dépêcher** faire vite – 28 **se maquiller** mettre des produits de beauté sur le visage – 30 **un immeuble** une maison à plusieurs étages

dit que la fête doit avoir lieu là. Dans l'entrée de l'appartement, il y a beaucoup de personnes, sûrement des étudiants comme lui. Il fait comme Élise et pose ses affaires sur le portemanteau déjà surchargé. Élise dit bonjour à quelques copains et copines. Tout timide, Éric leur sourit. Le salon est plein. Au milieu de la pièce, quatre personnes dansent sur du rock indépendant. Éric reconnaît Arcade Fire, un groupe québécois connu en Europe.

Arcade Fire

– Faites comme chez vous. Les boissons sont dans le réfrigérateur, dit Anne, l'amie d'Élise qui habite dans la colocation. Élise laisse Éric et va parler avec des amies à elle. Il va dans la cuisine se prendre une boisson dans le réfrigérateur.
– T'es le chum d'Élise ? lui demande une jeune femme. Elle a des chums plus vieux normalement.
– Non, je suis son coloc Éric.
– Moi, c'est Catherine. T'es français toi, ça s'entend.
– Oui, et toi, québécoise, ça s'entend aussi.

3 **un portemanteau** objet où on met les vêtements – 8 **un réfrigérateur** Kühlschrank – 12 **un chum** *québécois* un petit ami

– Oui, au Québec, on rencontre beaucoup de Québécois. Tu viens d'où en France ?
– De Marseille.
– Ah Marseille, le soleil, la Méditerranée, la chaleur.
– La pollution aussi...
– Tu fais quoi ici ?
– J'étudie à McGill.

À ce moment-là, Élise vient chercher Éric dans la cuisine et le tire par le bras.
– Ah t'es là, je te cherchais. Salut Catherine. Tu viens Éric ?
– Oui, oui.
– Qu'est-ce qu'elle t'a dit ?
– Elle m'a juste demandé qui je suis.
– Catherine ne m'aime pas trop et me critique beaucoup. Fais attention, elle saute sur tous les mecs qu'elle voit.
– Ah oui ? Elle m'a juste demandé ce que je faisais à Montréal.
– Oui, ça commence toujours comme ça. J'adore cette chanson, tu viens danser ?
– Ok.

Sur la piste de danse, Éric se demande si Élise est jalouse. Si oui, cela veut dire qu'il lui plaît. Il repense à la phrase de Catherine : « Elle a des chums plus vieux », et à l'homme plus vieux qui était l'autre jour dans la rue avec Élise. Pourquoi pleurait-elle ? L'a-t-il quittée ? Le rock indépendant l'enivre. Il sent le parfum fruité d'Élise. Ses cheveux longs lui cachent par moment le visage. Elle le regarde en souriant. Il s'approche d'elle, met ses bras autour de sa taille. Tout à coup, elle l'embrasse sur la bouche. Il se laisse faire. Son cœur bat à fond. Il ne veut plus penser. Il ferme les yeux.

8 **tirer** (weg)ziehen – 15 **sauter sur qn** *ici* : jdn anmachen – 20 **la piste de danse** endroit où on danse – 24 **enivrer qn** monter à la tête de qn – 28 **la bouche** Mund

Vue sur Montréal

3 Le matin suivant, Éric se réveille dans le lit d'Élise. Elle dort encore profondément à côté de lui. Il ne veut pas la réveiller et retourne dans sa chambre où il se recouche.
Quand il se lève, Rémi est en train de prendre son petit-déjeuner
5 dans la cuisine et lit le journal montréalais *Le Devoir*.
— Ça va Éric ? Tu veux un café ?
— Ouais, merci. Élise est déjà partie ?
— Oui, elle est partie à la fac. Vous êtes rentrés tard hier soir… Rémi sourit d'un air entendu.
10 — Euh, … on t'a reveillé ?
Rémi verse du café dans une grande tasse et la sert à Éric.
— Oui, mais je me suis rendormi juste après. Vous vous entendez bien avec Élise ?
— Oui, c'est une fille très sympa.

3 se recoucher se remettre au lit – **9 d'un air entendu** comme qn qui comprend – **11 verser qc** *ici :* mettre qc – **11 servir qc à qn** donner qc à qn – **12 s'entendre avec qn** avoir de bonnes relations avec qn

– Je veux dire, vous vous entendez très très bien, non ?
Le visage d'Éric devient rouge.
– C'est une affirmation ou une question ?
– J'ai juste entendu des murmures et j'ai compris que vous étiez devenus proches.
– Si tu le sais, alors pourquoi demander ?
– Comme ça. C'est la première fois que mes colocataires sortent ensemble. Ça risque d'être bizarre de vivre avec un couple.
– C'est encore un peu tôt pour parler de couple. Mais pour moi, ça ne changera pas mon comportement dans la coloc.
– Content de l'entendre.

En allant dans la salle de bain pour se doucher, Éric passe devant la chambre d'Élise. La porte est ouverte. Curieux, il ne peut résister à la tentation et décide d'entrer dans l'intimité de sa colocataire. Il sent son parfum qui flotte encore dans l'air. Il se demande si elle serait d'accord qu'il rentre ainsi dans sa chambre en son absence. Sur son bureau, l'ordinateur est encore allumé. Un site Internet de

L'université McGill

14 **une tentation** Versuchung – 15 **flotter** *ici :* être – 16 **ainsi** comme ça – 16 **une absence** → absent – 17 **être allumé** eingeschaltet sein

vêtements pour bébés. Il se dit qu'une amie d'Élise est peut-être enceinte et trouve touchant qu'elle veuille lui faire un cadeau. Une fille très généreuse, pense Éric.

Sur le chemin de l'université, Éric repense à sa conversation avec Rémi. Ont-ils fait autant de bruit en rentrant ? Il espère que l'ambiance dans la colocation continuera d'être bonne.

Dans le hall d'entrée de l'université, Éric dit bonjour à quelques étudiants de sa classe. Pendant qu'il rejoint la salle de cours, il reconnaît l'homme plus âgé qui parlait avec Élise dans la rue l'autre jour et l'enlaçait. Grand, mince, les cheveux poivre et sel, une mallette à la main, c'est un homme qui a du charme. Il décide de le suivre de loin. À l'entrée de l'amphithéâtre, il comprend qu'il doit être professeur.

– Excuse-moi, c'est quel cours ici ? demande Éric à une étudiante qui tape sur son portable à l'entrée de l'amphithéâtre.
– C'est le cours de sociologie de monsieur Milet.
– Ah ok, merci.

Dans le couloir, Éric décide d'aller à son cours même s'il est un peu en retard. Que faisait Élise dans la rue dans les bras de son prof de sociologie ? Éric ne comprend pas ou plutôt il a peur de comprendre. Et pourquoi pleurait-elle ? Une rupture ? Un problème qu'elle n'aurait confié qu'à lui ? Il ne peut pas lui en parler ainsi. S'il le lui demande directement, il montrera qu'il est jaloux. Il a peur d'avoir l'air ridicule. Il faut qu'il découvre seul ce que cela cache.

La journée passe lentement. Éric n'est pas vraiment concentré. Il est dix-sept heures et il décide de rentrer. Avant de mettre la clé dans la porte, il entend des rires. Dans le salon éclairé par les

---

2 enceinte qui attend un bébé – **2** touchant rührend – **2** veuille *subj* de vouloir – **3** généreux, généreuse qui aime donner – **5** autant de so viel – **7** un étudiant qn qui apprend à l'université – **7** rejoindre qc aller dans – **10** enlacer qn embrasser qn – **11** une mallette Aktentasche – **18** un couloir ici : devant l'entrée de l'amphithéâtre – **21** une rupture quand on n'est plus avec qn – **22** confier qc à qn dire qc d'intime à qn – **24** avoir l'air être comme… pour qn d'autre – **25** lentement ≠ vite

lampes, il voit Rémi et une jeune fille qu'il ne connaît pas. Une odeur de caramel et de bois brûlé lui monte au nez. Le feu dans la cheminée jette des reflets dorés sur les murs blancs et une chaleur agréable se répand dans tout l'appartement.

5 – Salut Éric, tu vas bien ? lance Rémi.
– Oui ça va. Un peu fatigué après cette journée de fac.
– Viens t'asseoir avec nous. Je te présente Céline, une amie.
– Salut.
– Dans la cuisine, il y a de la compote de pomme dans la marmite,
10 sers-toi. C'est pour tout le monde.
– Merci, c'est sympa.
Pendant qu'Éric est dans la cuisine et prend un peu de compote de pomme dans un bol, il entend Rémi dire :
– Éric vient de Marseille, il étudie à Montréal depuis un mois à
15 McGill.
– Marseille ? Oh, le soleil, la mer, ce doit être une belle ville, dit Céline. Je connais seulement Paris, ville majestueuse, j'ai trouvé, mais un peu grise quand même.
– Oui, Marseille est une ville très sympa et très différente de Paris,
20 répond Éric en revenant avec son bol de compote fumante.
– Tu fais quoi à Montréal ?
– J'étudie la biologie à McGill.
– Très bonne université. J'y ai étudié aussi il y a quelques années.
– Et maintenant, tu fais quoi dans la vie ?
25 – Je travaille avec Rémi pour le journal *Le Devoir*. Tu connais ?
– Oui, je le lis depuis que je suis arrivé à Montréal. C'est très intéressant de lire des articles sur son propre pays et sa politique d'un point de vue extérieur et les articles sont de très bonne qualité.
30 – C'est comme quand j'étais à Paris et que je lisais des articles sur le Québec. C'est fascinant.

La porte d'entrée claque et Élise arrive dans le salon.

2 **une cheminée** endroit où on met le bois pour faire du feu dans une maison ou un appartement –
3 **doré, e** golden – 3 **se répandre** aller partout – 9 **une marmite** Kochtopf – 13 **un bol** une grande tasse –
18 **quand même** *ici* : trotzdem – 20 **fumant, e** → fumer – 27 **propre** *ici* : eigen – 32 **claquer** (zu)schlagen

Éric sent la contrariété, oubliée un instant plus tôt, remonter en lui. Que faisait Élise avec son professeur de sociologie ? Est-elle séduite par le statut de son professeur ? Par son charisme ? Ou pire encore, est-ce un moyen de recevoir de bonnes notes ? Est-elle vraiment
5 amoureuse de lui ? Si oui, qu'a-t-il à voir dans cette histoire ? Élise a-t-elle des sentiments pour lui ?

– Salut tout le monde ! s'écrie Élise, souriante.
Éric salue Élise avec les autres et continue à discuter avec Céline. Son cœur bat très fort mais sa voix reste normale. Il doit faire
10 comme si tout allait bien.
– Sers-toi, il y a de la compote de pomme dans la cuisine, dit Rémi.

Revenue à table avec son bol de compote, Élise s'assied à table avec les autres et s'installe à côté d'Éric. Mais il continue de discuter avec Céline et ignore Élise qui mange sa compote sans dire un mot.
15 Au moment où Céline décide de partir, tout le monde se lève et prend congé de l'invitée. Éric décide alors d'aller dans sa chambre. Il n'a pas vraiment envie de parler avec Élise. Il s'assied à son bureau et ouvre ses livres pour réviser ses leçons et les points difficiles.

Après quelques minutes, il entend frapper à sa porte.
20 – Oui.
Élise passe sa tête par la porte entrouverte.
– C'est moi. Tu vas bien ? On s'est à peine parlé tout à l'heure. Tu babounes ?
– Je quoi ?
25 – « Babouner », faire la tête.
– Non, pourquoi ?
– C'est juste que tu semblais plus intéressé par les yeux et la conversation de Céline que par moi. Tu ne m'as même pas demandé comment s'est passée ma journée.
– On parlait seulement de Marseille qu'elle ne connaît pas. Mais pardon, comment était ta journée ?

1 **la contrariété** Verärgerung – 1 **un instant** un moment – 2 **séduire qn** jdn verführen – 3 **pire** ≠ mieux – 4 **un moyen** Mittel – 7 **s'écrier** → crier – 16 **prendre congé** dire au revoir – 18 **réviser qc** *ici* : relire qc pour apprendre – 21 **entrouvert, e** un peu ouvert – 25 **faire la tête** schmollen

- Ta question arrive un peu tard, t'es pas obligé de te forcer, juste parce que je te fais la remarque.
- Non, non, je ne me force pas. Ça m'intéresse, c'était comment ?
- Bien, les cours sont un peu stressants, surtout la préparation des examens.
- T'inquiète pas, ça va aller. La sociologie te plaît ? Le prof est sympa ?
- Oui, ça me plaît toujours et le prof est patient avec nous. Pourquoi tu me demandes ça ? demande Élise qui rougit un peu.
- Oh juste comme ça. Cette matière a un fort coefficient, non ? Alors c'est mieux si le prof est bien.
- Oui, il faut vraiment que j'aie une bonne note sinon je risque de rater mon année.
- Tu disais que le prof est patient avec vous. Tu entends quoi par là ?
- Il nous explique les points qu'on n'a pas compris. On peut lui poser des questions après le cours et il prend le temps de nous répondre.
- Vous vous voyez en dehors des cours ? Je veux dire en privé ?
- De quoi tu parles ? Tes questions sont vraiment bizarres. Tu vois tes profs en privé toi ?
- Moi, non !
- Ben alors ! Bon je dois encore étudier un peu. Bonne soirée.
- À toi aussi. Élise ne l'entend plus. Elle a déjà fermé la porte derrière elle.

Une fois dans son lit, Éric ne sait plus quoi penser. Pourquoi Élise ne lui dit-elle pas qu'elle est proche de son prof ? A-t-elle honte d'être ou d'avoir été avec un homme qui a le double de son âge ? Pourquoi joue-t-elle sur les deux tableaux ? Que cache-t-elle ? Éric n'est pas dupe et il n'a pas l'intention de souffrir. Il y a quelque chose de pas clair dans cette histoire. Il faut qu'il en ait le cœur net. Il sent qu'il est jaloux et ce sentiment est comme un coup de couteau. Il va prendre

1 être obligé de faire qc devoir faire qc – **1** se forcer à faire qc sich zwingen etw zu tun – **2** une remarque Bemerkung – **6** s'inquiéter être stressé – **9** rougir devenir rouge – **27** avoir honte sich schämen – **30** jouer sur les deux tableaux jouer un double jeu – **31** dupe bête – **31** souffrir leiden – **32** ait *subjonctif de* avoir – **32** en avoir le cœur net découvrir la solution – **33** un coup de couteau Messerstich

un peu de distance avec Élise. C'est mieux ainsi. Sofiane, son ami d'enfance, arrive de Marseille ce week-end et reste deux semaines. Ce sera l'occasion pour lui de se changer les idées et de faire visiter à Sofiane cette ville incroyable. Sur cette pensée agréable, Éric sourit
5 et se retourne, sentant le sommeil le gagner.

2 l'**enfance** f → enfant – 4 **incroyable** *ici* : extraordinaire – 4 **une pensée** → penser – 5 **le sommeil** Schlaf

Aéroport international Pierre-Elliott-Turdeau de Montréal

4

Devant la sortie de l'aéroport, Éric attend Sofiane. Il est très impatient de le revoir. Cela fait quelques mois qu'ils se sont quittés, une éternité. Comment se passe sa vie à Marseille ? Est-il toujours heureux avec Marina ? Il a tellement de choses à
5 raconter à son ami d'enfance, et de quartiers à lui montrer. Sofiane va-t-il aimer Montréal ?
Il regarde l'écran où sont inscrits les vols, en particulier celui en provenance de Paris. Lui qui ne prend jamais l'avion, il a dû faire escale à Paris pour prendre une correspondance. Éric espère qu'il
10 a trouvé sans problème la porte d'embarquement et qu'il n'a pas eu trop peur pendant les huit heures de vol au-dessus de l'océan Atlantique.

2 **impatient, e** qui n'aime pas attendre – 4 **tellement de** tant de – 7 **inscrire** *ici :* écrire – 8 **en provenance de** qui vient de – 9 **faire escale** changer d'avion – 9 **prendre une correspondance** changer d'avion / de train – 10 **l'embarquement** → **embarquer** monter dans un avion

Les portes électriques s'ouvrent et Éric regarde les visages qui défilent devant lui. Des parents avec des enfants, des jeunes couples, des retraités. Mais toujours pas de Sofiane. Après dix minutes, il reconnaît enfin son ami, en jean baskets, son look de tous les jours. Grand, mince, les cheveux très noirs et la peau bronzée qui rappellent la Méditerranée. Son ami le remarque et lui sourit.

– Salut Sofiane, alors ce vol ? Donne-moi ton sac.
– Salut mon pote, tout s'est bien passé, mais le vol a été très long. Heureusement qu'on pouvait regarder des films et marcher dans l'avion. Rester assis pendant huit heures, ça m'aurait rendu fou !
– Oui, j'imagine. Toi qui tiens pas en place !
– Ça fait bizarre d'être en Amérique !
– Tu vas voir, la ville ressemble vraiment à une ville américaine, avec ses gratte-ciel et ses avenues gigantesques.
– Ils parlent français, tu m'as dit ?
– Oui, t'inquiète pas. Il faut juste que tu t'habitues à l'accent québécois. Ils ont des expressions drôles !
– Tu feras l'interprète alors.
– Même moi, avec mon accent marseillais, ils me comprennent.

Des gratte-ciel à Montréal

2 **défiler** passer – 3 **un retraité** qn qui ne travaille plus, souvent après 60 ans – 5 **la peau** Haut – 5 **bronzé, e** gebräunt – 11 **tenir en place** ne pas bouger – 18 **un interprète** Dolmetscher

Dans la navette qui part de l'aéroport et va au centre-ville, Éric raconte à Sofiane son arrivée, ses cours à l'université et la coloc où il vit.
- Tu t'entends bien avec tes colocs ?
5 - Oui super, tu vas voir, ils sont très sympa et cool.
- Un mec et une nana, c'est ça ?
- Oui.
- Elle est comment la nana ?
- Elle est très belle, des yeux magnifiques et un sourire radieux.
10 - Dis donc, elle te plaît apparemment, dit Sofiane en ricanant.
- On peut rien te cacher.
- Et… T'attends que je te tire les vers du nez ou quoi ?
- Bon, ça va, on a eu un truc.
- Comment ça un truc ?
15 - Ouais, on était à une fête et on a dansé toute la nuit ensemble… J'ai l'impression que les filles ici sont plus émancipées que chez nous. Quand un garçon leur plaît, elle leur montre. En France, elles veulent prouver qu'elles sont pas des filles faciles, alors on galère.
20 - Elle a fait le premier pas ? Mais c'est super. C'est ta première petite amie !
- Chut !!! On n'est pas tout seuls dans le bus, parle pas si fort. Les autres passagers n'ont pas besoin de connaître ma vie privée !
- T'as raison. Mais c'est super !!!
25 - T'emballe pas trop vite. Y a un truc qui cloche dans l'histoire.
- Un truc qui cloche. Quoi ?
- Euh… Éric hésite un instant avant de répondre.
- Ne me dis pas qu'elle a déjà un mec !
- C'est-à-dire que…
30 - Je le savais ! Elle a un mec ? C'est ça !

---

1 **une navette** *ici* : un bus – 6 **une nana** *fam* une femme – 9 **magnifique** très beau – 9 **radieux, -se** très beau – 10 **apparemment** de façon évidente – 10 **ricaner** rire – 12 **tirer les vers du nez de qn** faire parler qn – 13 **un truc** *fam* une chose – 19 **galérer** avoir des problèmes – 20 **faire le premier pas** dire ou montrer son intérêt à qn – 22 **fort, e** *ici* : laut – 25 **s'emballer** *fam* être trop enthousiaste – 25 **clocher** être bizarre – 29 **c'est-à-dire** das heißt

– Chut, pas si fort. C'est-à-dire que c'est plus compliqué que ça. Je sais pas trop quoi penser. Je l'ai vue une fois dans la rue dans les bras d'un mec qui a le double de son âge.
– Non !
– Ben si. Et elle pleurait, alors je sais pas si ça veut dire que c'est fini entre eux ou s'ils se sont juste disputés.
– En tout cas, c'est pas clair. Pourquoi tu lui as pas posé directement la question ?
– Ben, ça fait le mec jaloux, je veux pas la faire fuir. En plus, je sais pas si on est vraiment ensemble ou pas. Y a autre chose…
– Encore autre chose ? Qu'est-ce qu'il y a ?
– Le mec avec qui elle était, c'était son prof d'université.
– Non ! Elle se fait son prof de fac. Si avec ça, elle a pas de super notes !
– Oui, c'est ce que je me suis dit aussi. Le problème, c'est que je lui ai posé la question de manière détournée. Je lui ai demandé si elle voyait son prof en privé. Elle a été très gênée et m'a répondu que bien sûr que non.
– Mon pauvre, dans quoi tu t'es embarqué. En plus, t'es amoureux !
– Arrête, j'ai pas dit ça.
– Ça se voit comme le nez au milieu de la figure !

Une fois arrivé à la coloc, Éric montre l'appart à Sofiane.
– Dis donc, c'est vachement grand ! Y a même du parquet et une cheminée dans le salon !
– Oui, tu verras, on fait un feu de temps en temps. Viens, je te montre ma chambre.
– Elle est immense.
– Oui, c'est pratique quand on reçoit de la visite. T'es mon premier invité.
– Quel honneur !

---

5 **vouloir dire** heißen – 9 **fuir** partir – 13 **se faire qn** *ici* : *fam* avoir une relation avec qn – 16 **détourné, e** *ici* : indirect – 17 **gêné, e** *ici* : verlegen, peinlich berührt – 19 **s'embarquer dans qc** entrer dans qc, s'engager dans qc – 19 **amoureux, se** → amour – 21 **au milieu de qc** in der Mitte von etw – 21 **la figure** le visage – 23 **vachement** *fam* super – 30 **un honneur** un privilège

- J'ai mis ton matelas à côté de mon lit. Pose tes affaires là. On peut aller se promener si tu veux, avant que la nuit tombe. Je vais te montrer mon quartier.
- Bonne idée !

1 **un matelas** Matratze

Vieux-Montréal

5 Le lendemain, Éric et Sofiane décident d'aller prendre le petit-déjeuner dans le Vieux-Montréal. En cette journée d'automne, des feuilles aux tons de feu recouvrent le trottoir et une odeur d'humidité et de terre leur monte au nez. Il peut voir dans les yeux de Sofiane le même étonnement que lui a ressenti à son arrivée en voyant cette mixité architecturale : partout des bâtiments anciens en vieilles pierres et des immeubles modernes de verre, les uns à coté des autres. Des hommes en costume, des femmes en tailleur, des touristes en vêtements décontractés.

— C'est chic, ici ! s'écrie Sofiane
— Oui t'as vu, c'est le Vieux-Montréal. Ça te plaît ?
— Ouais, c'est très beau. Ça fait bizarre de se dire qu'on est de l'autre

3 **un ton** *ici* : une couleur – 3 **recouvrir qc** être sur qc – 5 **un étonnement** une surprise – 6 **ressentir qc** → sentir qc – 7 **un bâtiment** une maison avec plusieurs étages – 7 **une pierre** Stein – 9 **un costume** Anzug – 9 **un tailleur** Kostüm

côté de l'Atlantique. Sur le continent américain, au Canada, si loin de chez nous.
– Et en particulier au Québec. Ne vas pas dire à un Québécois qu'il est américain, je veux dire des États-Unis !
– Ah bon, il le prendrait mal ? Les rues me rappellent beaucoup les films américains justement, avec les gratte-ciel en verre et les grands boulevards.
– C'est vrai que si on compare avec chez nous, la ville fait très « américaine ». Mais beaucoup de Québécois voudraient bien être indépendants du reste du Canada.
– Ah bon ?
– Oui, le Canada fait partie des pays du Commonwealth, les anciennes colonies britanniques qui dépendent de la reine d'Angleterre, mais au Québec, les habitants protègent justement la langue française et affirment ainsi leur différence culturelle, c'est pourquoi certains veulent leur indépendance, comme le parti indépendantiste.
– Et ils peuvent réussir ?
– Je sais pas. En tout cas, ils ont de plus en plus de succès, par exemple aux élections législatives. Tiens, on est arrivés, c'est le café dont je t'ai parlé, où ils font des petits-déjeuners super bons.

À l'intérieur, l'établissement est sur deux étages, reliés par un escalier en bois brun. Il y a beaucoup de monde et des serveurs et serveuses en uniforme qui courent dans tous les sens.
– Le café a beaucoup de succès. Tu vas voir, les petits-déjeuners sont très copieux.
Un serveur leur fait signe :

Pancakes avec du sirop d'érable

6 **justement** *ici :* gerade – 12 **faire partie de qc** être une partie de qc – 22 **un établissement** *ici :* un café – 26 **un serveur** qn qui travaille dans un café et apporte les boissons à table – 31 **copieux, -se** avec beaucoup à manger

— Messieurs, une table pour deux ? Par ici.
— Je ne sais pas s'ils protègent la langue française tes Québécois, mais le menu est en anglais.
— Oui, presque tout le monde est bilingue français-anglais. Tiens, voilà le menu en français.
— Beaucoup de choix ! Ils mettent même des boules de glace dans les jus de fruits pressés, ils sont fous ces Québécois !
— Ne parle pas si fort !
— Des saucisses frites servies avec des pancakes et du sirop d'érable, c'est un petit-déjeuner léger !
— Tu vois, tu commences déjà à critiquer. C'est un petit-déjeuner typique ! Le sirop d'érable, c'est canadien !
— Après avoir mangé tout ça, on n'aura plus faim jusqu'à ce soir.
— Comme ça, on aura plus de temps pour se promener.
Ils commandent et mangent avec appétit.
— Mmmh, c'est délicieux, dit Sofiane la bouche pleine. Éric semble absent.
— Ça va ? T'as l'air triste. Tu penses à ta coloc ?
— Euh… J'ai l'air triste ?
— Un peu…
— Oui, je pense beaucoup à elle. Ça me rend fou de pas savoir si on est ensemble ou pas, si elle a seulement joué avec moi le premier soir où on s'est embrassés, ce qui pourrait expliquer qu'elle continue à voir cet homme.
— Oh, toi, tu commences à te prendre la tête. Tu ne sais pas s'ils sont vraiment ensemble et s'ils continuent à se voir.
— T'as raison, je me prends la tête. Bon, raconte-moi un peu ta vie à Marseille.

En sortant du café, Éric propose à Sofiane de lui montrer la basilique Notre-Dame, non loin de là.
— T'as pas oublié que je suis musulman.
— Ce n'est pas une question de religion, l'intérêt est culturel et architectural. Tu vas voir, elle est magnifique.
— D'accord. Mais marche plus lentement. Avec tout ce qu'on a

---

4 tiens/tenez (→ tenir) *ici* : voici – 9 **un érable** Ahorn – 10 **léger, légère** ≠ lourd

mangé, je me sens lourd et j'ai tout sur l'estomac.
- Tu vois, au moins ici, tu ne mourras pas de faim.
5 - Si je continue comme ça, je vais prendre dix kilos avant la fin de mon séjour. Marina ne me reconnaîtra plus.
- T'inquiète pas. On va se dépenser,
10 tu ne grossiras pas autant !

Arrivés dans la basilique, Éric remarque la surprise sur le visage de son ami, sans doute impressionné par les décorations de l'autel et les
15 étoiles dorées sur la voûte bleue.

Basilique Notre-Dame : vue extérieure

- C'est un architecte irlandais qui l'a conçue, dans un style néogothique. Ça vaut le coup, non ? Regarde le plafond bleu avec des étoiles en or.
- C'est vrai que je m'attendais pas à un intérieur si féérique. T'es
20 bien renseigné, dis-moi. T'as lu tous les guides touristiques sur Montréal ou quoi ?
- Non, j'ai juste eu une super guide, répond Éric en souriant.
- Ah, tu veux parler d'Élise ?
- Elle a été très sympa et m'a montré les monuments importants et
25 les quartiers de la ville qui bougent.
- Petit veinard ! En plus, tu es amoureux d'elle.
- Tout serait beaucoup plus simple si elle n'était pas avec ce prof.
- Peut-être qu'elle n'est pas avec. Quand tu l'as vue, elle pleurait, non ?
30 - Oui, mais peut-être pour une autre raison. La dernière fois, elle a évité le sujet quand j'ai parlé de son prof. Ça la dérange de parler

2 **l'estomac** *m* ventre – 3 **au moins** *ici :* zumindest – 9 **se dépenser** *ici :* bouger – 10 **grossir** devenir gros – 13 **sans doute** sûrement – 14 **un autel** Altar – 15 **une voûte** Gewölbe – 17 **concevoir** faire – 17 **valoir le coup** *fam* sich lohnen – 18 **un plafond** Decke – 18 **l'or** *m* Gold – 19 **féérique** magique – 20 **renseigner** informer – 26 **un veinard** qn qui a de la chance – 31 **déranger qn** jdn stören

37

Basilique Notre-Dame : vue intérieure

de ça, c'est un signe qui ne trompe pas… Il faudrait savoir si elle continue de le voir en dehors des cours, en privé je veux dire. Je vais pas la suivre quand même. Si jamais elle me remarque, ce sera la cata.
5 – Oui c'est sûr que si elle te voit la suivre, elle va prendre peur et se demander si t'es pas complètement fou de jalousie. Mais quelqu'un d'autre pourrait la suivre, quelqu'un qu'elle n'a pas encore vu.
– Quelqu'un d'autre ? Tu veux pas dire que…
10 – Ben oui ! Elle m'a pas encore vu et donc me connaît pas.
– T'as raison. Elle était déjà au lit quand on est rentrés hier soir.
– Eh bien, ce soir on va rentrer tard aussi. Elle ne me verra pas. Demain, je pourrais la suivre. Il faut que tu sois fixé sur cette histoire.
15 – Tu ferais ça ?
– Bien sûr, ça sert à quoi un meilleur ami d'après toi ?
– À suivre la petite amie de son meilleur ami ?
– Parfaitement, ça sert surtout à savoir si elle a quelque chose à cacher et si tu fais bien d'espérer.

1 **qui ne trompe pas** *ici* : eindeutig – 4 **une cata** *fam* une catastrophe – 6 **la jalousie** Eifersucht –
16 **Ça sert à quoi ?** *fam* Wozu ist das gut?

Quartier chinois de Montréal

6

Éric n'en peut plus d'attendre Sofiane. Pourtant, il a seulement dix minutes de retard. Il lui avait donné rendez-vous dans le quartier chinois à 17h devant l'une des portes d'entrée qui ressemblent à l'entrée d'un temple bouddhiste, dans la
5 rue de la Gauchetière. L'un des quartiers que Sofiane n'a pas encore vu. Au bruit et à la vitesse de leurs pas, Éric essaie de deviner où vont les passants. Certains semblent pressés et regardent droit devant eux, d'autres flânent et tournent la tête à droite et à gauche, sûrement des touristes. Éric, lui, n'a pas le cœur à flâner. Son ami a
10 dû suivre Élise une bonne partie de la journée et il est vraiment impatient de savoir s'il a découvert quelque chose. Ce n'est pas une bonne idée. Si Élise découvre qu'Éric l'a fait suivre, que pensera-t-elle de lui ? Elle ne voudra sans doute plus le voir. La confiance, c'est

---

6 **la vitesse** → vite – 7 **(être) pressé** ne pas avoir le temps – 8 **flâner** se promener– 11 **ne pas avoir le cœur à faire qc** keine Lust haben, etwas zu tun – 13 **la confiance** Vertrauen

important dans une relation. Mais peut-on déjà parler d'une relation entre eux ? Ou est-ce seulement une aventure ? Il l'ignorait. Il a été distant avec elle ces derniers temps. Il sent qu'elle lui cache quelque chose et cela le rend jaloux. Son cœur bat vite. Soudain, il sent une
5 main sur son épaule et se retourne.

- Tu m'as fait peur, j'ai failli faire une crise cardiaque !
- Pas de panique, je voulais te surprendre.
- C'est réussi ! Alors comment était ta journée ? Du nouveau ?
- Oui. On va prendre un café et je te raconte tout.
10 - J'en connais un n'à deux pas, allons-y.
- Dis-donc, on n'a pas l'impression d'être au Canada, c'est la Chine ici.
- Oui, t'as vu, c'est le dépaysement complet. C'est pour ça que je voulais te montrer ce quartier.
15 - Ça me plaît beaucoup. On change carrément de décor.

Arrivés au café, Éric et Sofiane commandent à boire. Éric est tendu et se demande ce que son ami va bien pouvoir lui raconter.
- Bon alors, comment était ta journée ?
- J'ai attendu qu'Élise s'en aille avant de la suivre dans l'escalier.
20 Comme tu m'avais montré une photo d'elle, j'ai pu la pister facilement. Elle est allée à l'université. J'ai attendu qu'elle sorte de l'amphithéâtre, de son cours d'histoire. Étant donné que tu m'avais dit qu'elle avait trois heures de cours, je suis allé faire un tour. À midi, elle est sortie et je l'ai suivie jusqu'au métro. Là,
25 je l'ai presque perdue de vue avec le monde qu'il y avait. Elle a retrouvé un type plus âgé.
- Il était comment physiquement, ce type ?
- Environ 1 m 80, sportif, cheveux gris, en costume-cravate.
- C'est lui ! Elle continue à le voir en cachette, je le savais. Elle est
30 allée le retrouver où ?
- C'est là que ça se complique, on est restés longtemps dans le

2 ignorer qc ne pas savoir qc – 4 soudain tout à coup – 6 faillir faire qc faire presque qc – 6 une crise cardiaque Herzinfarkt – 10 à deux pas pas loin – 13 le dépaysement changement – 15 carrément *fam* totalement – 16 tendu, e stressé – 20 pister qn suivre qn – 22 étant donné que comme – 26 âgé, e vieux – 29 en cachette en secret

métro, je me souviens plus où on est descendus. En tout cas, on a atterri à l'hôpital du Sacré-Cœur, là où elle l'a retrouvé.
- Un hôpital ? Qu'est-ce qu'elle est allée faire à l'hôpital ?
- C'est ce que je me suis demandé… J'ai pas eu besoin de longtemps pour comprendre ce qui se passait.
- Bon vas-y ! Accouche, qu'on en finisse !
- Je les ai suivis jusqu'à l'accueil. Ils sont partis dans les couloirs. À cette heure-là, il y avait presque personne. Je ne voulais pas qu'ils me repèrent, alors je les ai laissés là. En tout cas, je pense pas qu'ils soient encore ensemble. Ils se sont même pas embrassés pour se dire bonjour…
- On peut pas vraiment savoir. Qu'est-ce qu'ils sont allés faire à l'hôpital ? T'en penses quoi ?
- Si tu veux mon avis, je parie qu'elle est enceinte et qu'ils sont allés faire une échographie ou un truc de ce genre.
- Enceinte ? De lui ? Non, peut-être qu'ils y sont allés pour une autre raison. Rendre visite à quelqu'un par exemple.
- Je me suis renseigné et les visites aux patients commencent plus tard, à 17 h 30. Et n'oublie pas qu'elle devait être à son cours au même moment. Peut-être qu'elle ne veut pas garder le bébé.

Éric n'en croit pas ses oreilles. Tout à coup, tout lui revient à l'esprit. Le jour où il a parlé avec Rémi, le lendemain de la fête. L'ordinateur allumé sur le bureau d'Élise. Son cœur bat à fond, il sent que le sol s'effondre sous ses pieds.

- Je crois qu'elle veut le garder. Figure-toi que l'autre matin, après la fête au cours de laquelle je suis sorti avec Élise, je suis passé devant sa chambre et j'y suis entré. Son ordi était encore allumé et j'ai vu un site Internet de vêtements pour bébés.
- Et c'est maintenant que tu me le dis !
- J'ai pas fait attention. J'ai pensé que c'était pour une amie à elle qui devait être enceinte.
- Bon, eh bien maintenant, c'est clair.

2 **atterrir** *ici* : arriver – 6 **accouche !** *ici* : *fam* parle ! – 7 **un couloir** un corridor – 9 **repérer** voir – 14 **parier qc** etw wetten – 15 **une échographie** Ultraschalluntersuchung – 24 **le sol** terre – 25 **s'effondrer** se casser – 26 **se figurer** *fam* imaginer

– J'arrive pas à y croire. On peut aller à l'hôpital pour d'autres raisons…
– Là, c'est à toi de jouer. Il faut que tu lui parles. Si elle a rien à cacher, elle te le dira sans doute. Sinon, c'est que ce rendez-vous à l'hôpital la met mal à l'aise.
– Tu penses ? Je vais essayer de lui poser la question. Mais j'ai peur que mes questions la dérangent.
– Tu peux pas rester dans le doute. T'es amoureux, ça se voit. Tu dois savoir ce qui se passe.
– T'as raison… Tu crois qu'elle t'a vu ? Elle va bien finir par te voir à la coloc. Et si elle te reconnaît ?
– Non, je pense pas. Je l'ai suivie à distance et j'avais ma casquette et mes lunettes.
– Un vrai pro ! C'est la première fois que tu fais un truc comme ça ?
– J'ai pas l'habitude de suivre des gens tous les jours. Je regarde les films policiers, ça aide. Bon allez, maintenant tu me montres ce quartier chinois. On va pas continuer à faire des suppositions dans le vide. Tu vas te rendre malade pour rien.

Rue dans le quartier chinois

1 arriver à faire qc réussir à faire qc – **5 mal à l'aise** *ici :* verlegen – **12 une casquette** Kappe – **15 avoir l'habitude de faire qc** faire régulièrement qc

Ils sortent du café et passent devant les restaurants, les snacks et les magasins chinois qui bordent la rue. Éric et Sofiane voient des dragons rouges dessinés sur les vitrines. À l'intérieur, les clients prennent leur repas ou boivent du thé. Une odeur de nems frits et d'encens flotte dans l'air.

– Ça fait combien de temps que la communauté chinoise est à Montréal ?
– Je crois que les premiers Chinois sont arrivés au milieu du 19e siècle. Ils étaient surtout tailleurs ou blanchisseurs au début. Il y a même un hôpital chinois.
– Ta guide t'a vraiment bien informé ! T'as de la chance !
– Avec ce que tu m'as annoncé aujourd'hui, j'en suis plus aussi sûr !

---

2 border qc être au bord de qc – **3 une vitrine** Schaufenster – **5 un encens** Weihrauch – **5 flotter** *ici :* être – **6 la communauté** le groupe – **9 un tailleur** *ici :* Schneider – **9 un blanchisseur** Wäscher

Montréal sous la neige

7

Aujourd'hui samedi, Sofiane a proposé à Éric de rester avec Élise à la maison pendant qu'il va faire quelques courses et se promener. Ainsi, il pourra en profiter pour parler avec elle. Éric aime faire la grasse matinée même si, entre deux rêves, il
5 réussit à identifier les différents bruits de la colocation. Là, c'est le pas lourd de Rémi sur le parquet. Il entend la vaisselle et les couverts qu'il prend dans les placards et les tiroirs pour son petit-déjeuner. Puis le grincement de la porte de la salle de bain. Il sait qu'Élise aime bien dormir le samedi matin et qu'il a encore le temps de se
10 reposer dans son lit.

Par la fenêtre, il aperçoit des flocons de neige qui viennent se coller contre le verre. Il est surpris par leur forme étoilée. À Marseille, il neige très rarement et quand c'est le cas, les gens ont peur et n'osent plus sortir de chez eux. Le métro, le train et les aéroports
15 sont paralysés. Pourtant, il trouve que la neige est belle à regarder

4 **faire la grasse matinée** dormir longtemps le matin – 6 **la vaisselle** Geschirr – 6 **les couverts** Besteck – 7 **un placard** là où on range par ex les assiettes – 8 **un grincement** un bruit – 10 **se reposer** se relaxer – 11 **apercevoir** voir – 14 **oser faire qc** avoir le courage de faire qc

et qu'elle donne au paysage une note féérique qui lui rappelle Noël. Il aime le crissement des chaussures quand on marche sur le sol de coton. Ce blanc pur, accentué par le soleil, qui diminue le bruit des voitures. Tout semble fonctionner au ralenti.

⁵ Il se laisse aller en pensant à Élise. Il la voit sur une piste de danse, elle danse sur de la musique électro et lui sourit. Ses dents blanches parfaites brillent dans la semi-obscurité et ses yeux verts rieurs le fixent. Elle lui fait signe de venir, lui prend la main et la pose sur elle. Elle l'entraîne au centre de la piste. Ses yeux se perdent dans
¹⁰ les siens et les vagues du synthétiseur leur font tourner la tête, en même temps que les basses qui amplifient le battement de leur cœur. Il sent la douceur de ses lèvres, la chaleur humide du baiser, proche de la fusion. Il sent soudain une main dans son dos, il se retourne. C'est le professeur d'Élise qui lui jette un regard méchant.
¹⁵ Il a une couverture dans les bras avec quelque chose dedans. Éric ne voit d'abord pas ce qu'il porte, puis il entend des cris et remarque le visage rond d'un bébé. Il en a froid dans le dos et se réveille en sursaut. Pourquoi faut-il qu'il vienne jusque dans ses rêves ce prof ?

²⁰ Il entend des pas dans la salle à manger et des bruits d'assiettes et de couverts. Puis de la musique. Ce doit être Élise qui s'est levée. Il décide de faire de même et d'aller lui dire bonjour. Il se recoiffe vite avec les mains et s'habille. En entrant dans le salon, il voit Élise assise à table. Elle boit un bol de café, ses yeux verts fixant le vide.
²⁵ Elle porte une chemise de nuit blanche qui descend jusqu'aux cuisses. Ses cheveux châtains sont désordonnés.

– Salut Élise.
À l'arrivée d'Éric, elle se lève et vient déposer un baiser sur la bouche d'Éric.

---

1 **un paysage** Landschaft – 2 **le crissement** Knirschen – 3 **accentué, e** plus fort – 3 **diminuer qc** rendre (faire) qc moins fort – 4 **au ralenti** moins vite – 6 **une dent** Zahn – 7 **briller** strahlen – 7 **la semi-obscurité** f Halbdunkel – 7 **rieur** → rire – 9 **entraîner** ici : emporter – 10 **les siens** mpl ici : les yeux d'Élise – 12 **la douceur** Zartheit – 12 **un baiser** un bisou – 13 **proche de qc** près de qc – 15 **une couverture** Decke – 15 **dedans** → dans – 16 **un cri** → crier – 18 **en sursaut** tout à coup – 22 **se (re)coiffer** (re)mettre ses cheveux en ordre – 23 **s'habiller** mettre ses vêtements – 26 **une cuisse** Oberschenkel – 26 **châtain** marron – 26 **désordonné, e** pas en ordre – 29 **déposer** → poser

– Salut Éric, t'as bien dormi ?
– Euh, oui, très bien et toi ? Éric est surpris.
– Bien aussi.
– C'est quoi cette chanson, elle est belle. Un chanteur québécois ?
– Oui, c'est Alexandre Poulin, un chanteur de chez nous qui écrit de très beaux textes. Je te prêterai le CD si tu veux.
– Oui, merci.
– J'ai entendu que t'as de la visite en ce moment. C'est l'ami dont tu m'as parlé qui devait venir ?
– Oui, c'est mon meilleur ami d'enfance, Sofiane. On a grandi ensemble dans le même quartier à Marseille.
– Il dort encore ?
– Non, il est sorti pour faire des courses. Hier, je lui ai déjà un peu montré la ville. Et ta journée hier c'était comment ?
– Oh, des cours à l'université toute la journée. Rien de bien passionnant.
– Et ça s'est bien passé ?
– Oui, un peu fatiguée à la fin de prendre toutes ces notes.
– Et t'as eu cours l'après-midi aussi ?
– Oui comme d'habitude, toute la journée. Pourquoi ?
– Oh, comme ça. Ah voilà Sofiane qui rentre. Je vais te le présenter. Salut Sofiane. Alors pas trop froid ?
– Salut ! Si, il fait un froid glacial dehors ! Heureusement que j'ai pris mes habits et mes bottes de ski, comme tu me l'avais dit.
– Je te présente Élise.
– Salut Élise. Enchanté. Il lui fait la bise.
– Salut Sofiane.
– Ben, je vois que tu n'as pas perdu ton temps ! Qu'est-ce que tu as dans tes sacs ?
– Je voulais acheter quelques cartes postales et des produits locaux comme le sirop d'érable pour Marina et ma mère, alors je suis allé au RÉSO, le souterrain dont tu m'avais parlé. Parce que rester dehors par -18, c'est vraiment dur !
– -18, c'est rien encore. Il peut faire jusqu'à -35.

6 **prêter qc à qn** donner qc à qn pour un temps – 23 **glacial, e** → glace – 24 **une botte de ski** Skistiefel – 26 **enchanté, e !** Sehr erfreut!, Angenehm! – 32 **un souterrain** *ici* : unterirdisches Einkaufzentrum

- Ce sont pas des températures pour moi, ça.
- C'est bien pour ça qu'on a construit la ville intérieure avec trente kilomètres de tunnels. Bon, mais il faut que j'y aille. À plus tard, les garçons.

Le RÉSO

5 Éric et Sofiane restent seuls dans le salon.
- Alors, raconte, tu lui as parlé ?
- Oui et elle dit qu'elle a eu cours toute la journée.
- Ah, ça c'est pas bon signe. Sofiane fronce les sourcils.
- Tu dois avoir raison. Elle est sûrement enceinte de lui.
10 - Et si elle t'en parle pas, c'est que c'est trop tôt pour annoncer la nouvelle. Ça fait pas encore trois mois et elle peut le perdre à tout moment. Ou alors, elle veut pas le garder.
- Si elle veut pas le garder, pourquoi était-il avec elle alors ?
- J'en sais rien. S'il est marié, ça l'arrange pas un bébé.
15 - Ça serait mieux pour moi aussi. Comme ça, je serai sûr qu'elle n'a pas de projet avec lui. Tout à l'heure, elle m'a embrassé sur la bouche quand je lui ai dit bonjour. Est-ce que c'est pour me faire comprendre qu'on est ensemble ?
- Ahahaha ! Tu me demandes à moi ? C'est toi qui devrais le savoir !

8 **froncer les sourcils** die Stirn runzeln

– Justement, je comprends plus rien.
– Ça semble plutôt positif. Du coup, c'est clair qu'elle t'ait rien dit. Elle semble vouloir une relation avec toi. Elle va pas commencer à te dire qu'elle est enceinte… Elle tient à toi.
– Mais comment je peux en être sûr ?
– Il faut que tu lui parles directement. Si tu lui dis que tu l'as vue avec lui dans la rue, elle sera bien obligée de te dire la vérité.
– Si je lui pose la question comme ça, elle va comprendre que je suis jaloux.
– Et alors, si vous êtes ensemble comme tu dis, c'est légitime que tu veuilles savoir ce qui se passe. Et puis, y a des filles qui aiment les mecs un peu jaloux. Marina, par exemple, elle me dit que ça prouve que je tiens à elle. Maintenant qu'Élise m'a vu, c'est à toi de clarifier la situation.
– Oui t'as sûrement raison. Éric hoche lentement la tête.
– Et pour toi, ce matin, ça s'est passé comment ? Tu t'es pas perdu ?
– Non, ça va, les rues sont toutes parallèles ou perpendiculaires les unes aux autres, alors c'est pas très difficile de s'orienter et puis j'ai un plan dans mon guide. Dis-donc, j'ai même vu des écureuils. Ils n'ont pas peur du tout, ils viennent très près des gens.

– Ils sont habitués à voir du monde. Ils peuvent même venir te manger dans la main.
– Je vais mettre mes sacs dans la chambre. Et après, on va prendre l'air. Faut profiter du week-end ! Couvre-toi bien !

4 **tenir à qn** aimer bien qn – 14 **clarifier qc** expliquer qc – 15 **hocher la tête** dire oui avec la tête – 17 **perpendiculaire** *ici* : rechtwinklig – 33 **se couvrir** mettre des vêtements chauds

8 Le jour suivant, Sofiane est allé dans un café pour écrire ses cartes postales, l'occasion de laisser Éric et Élise un peu seuls, avant de les retrouver plus tard. La neige recouvre les trottoirs d'un manteau blanc clair mais il fait moins froid. Éric et Élise se promènent. Seules quelques traces de pas montrent que d'autres personnes sont passées par là avant eux. On n'entend presque pas les voitures, seul le crissement de leurs chaussures dans la neige. Beaucoup de magasins sont fermés en ce dimanche ensoleillé.

Éric et Élise sont dans la rue Sainte-Catherine, la plus importante rue commerçante qui traverse Montréal d'Est en Ouest. Habillés d'épais manteaux et équipés de chaussures après-ski, ils se tiennent par la main mais restent silencieux, comme si le poids d'un malaise ou d'un secret flottait dans l'air et menaçait de tomber à tout moment.

Rue Sainte-Catherine

Éric a passé la nuit dernière dans la chambre d'Élise et se souvient encore du parfum de sa peau, de l'odeur de ses draps et de tous les câlins qu'ils se sont faits. Hier soir, il n'a pas eu le courage de lui parler. Il voulait seulement être avec elle et cette nuit passée ensemble l'a rapproché encore plus d'elle. Il sent des sentiments nouveaux monter en lui, qu'il n'a encore jamais ressentis pour personne. Mais aujourd'hui, les questions et les doutes sont revenus comme un boomerang, les non-dits l'ont rattrapé. Il ne peut plus faire comme si de rien n'était, il doit lui poser des questions et chercher quels mots utiliser pour ne pas la choquer.

---

4 **un manteau** Mantel – 14 **ensoleillé, e** → soleil – 19 **épais, épaisse** ≠ mince – 23 **un poids** Gewicht – 23 **un malaise** *ici* : quand on ne se sent pas bien – 24 **menacer** *ici* : risquer de faire qc – 26 **un drap** Bettlaken – 27 **un câlin** Zärtlichkeit – 32 **rattraper qn** revenir vers qn – 34 **utiliser qc** *ici* : dire

– Tu sais, l'autre jour, j'étais dans la rue. Et j'ai vu que tu étais avec ton professeur d'université.
– Ah oui ? Ça nous arrive de nous rencontrer par hasard sur le chemin de l'université, il vient à pied.
– Peut-être, mais cette fois-là tu pleurais et il était dans tes bras. Alors je me disais que…
– Tu te disais quoi ?
– Ben je sais pas trop, je pensais que vous étiez plus proches l'un de l'autre qu'un prof et une étudiante devraient l'être.
– Tu penses que je sors avec mon prof de sociologie ?
– J'ai pas dit ça. J'essaie juste de comprendre.
– Tu l'as pas dit mais tu le penses ! Mais Éric, tu me prends pour qui ?
– Pour personne. Je voudrais juste savoir où on en est, toi et moi. Que faisais-tu dans ses bras et pourquoi pleurais-tu ?
– Où on en est, toi et moi ? Mais nulle part ! Si tu n'as pas confiance en moi et que je dois me justifier, je ne vois pas ce qu'on fait ensemble !
– Mais Élise, j'ai confiance en toi. Mais tu peux comprendre que je me pose des questions.
– Je veux pas en parler.
– Pourquoi tu veux pas en parler ?
– Éric, cette histoire ne te concerne pas.
– Ah bon ? J'ai pas le droit de savoir ce qui se passe ? Je suis rien pour toi ?
– Mais si !
– Pourquoi tous ces mystères alors ?
– Ça n'a rien à voir avec toi.
– Ah bon ? Tu m'as dit l'autre jour que la veille, tu étais à l'université toute la journée.
– Et alors ?
– Ben, l'après-midi, tu n'étais pas en cours.
– Tu me surveilles ?

---

3 **par hasard** quand on ne s'attend pas à qc – 12 **prendre qn pour qc/qn** penser que qn est qc/qn – 16 **nulle part** nirgendwo – 29 **la veille** ≠ lendemain – 33 **surveiller qn** observer qn pour voir ce qu'il fait

– Non, non, j'étais avec Sofiane dans le quartier de l'université et on voulait te rejoindre après tes cours et tu n'y étais pas.
– C'est ce que je dis, tu me surveilles.
– Mais non, c'était l'occasion de te présenter Sofiane. Pourquoi tu as dit que t'étais à l'université toute la journée ? Ça cache quoi ?
5 – Ça cache rien. J'en ai marre de tes questions ! Je m'en vais.

Éric ne sait plus quoi penser. Le blanc de la neige, qu'il admirait un instant plus tôt en tenant Élise par la main,
10 reflète soudain sa désillusion et sa solitude. Il est blessé, il a froid, dedans comme dehors. Tout était pourtant si parfait la nuit dernière quand il sentait
15 dans le lit la chaleur du corps d'Élise tandis que dehors il neigeait. Les gestes suffisaient, ils se comprenaient sans mots. Mais ce silence le renvoie
20 aujourd'hui à toutes les questions qui le perturbaient et qu'il essayait d'oublier.

Les paroles d'Élise « Où on en est, toi et moi ? Mais nulle part ! » résonnent encore dans sa tête. Pourquoi tant de mystères ? Si elle
25 est enceinte, elle peut le lui dire. Il est prêt à l'entendre. C'est elle qui n'a pas confiance en lui. A-t-elle peur qu'il en parle à l'université à d'autres étudiants ? Ou qu'il décide de la quitter ? Pourquoi faut-il que sa première histoire soit aussi compliquée ? Et en plus, si loin de chez lui. Il a besoin de parler à quelqu'un. Il a hâte de raconter
30 à Sofiane sa conversation avec Élise. Encore une heure avant de retrouver son ami au point de rendez-vous convenu.

_{2 **rejoindre qn** *ici* : rencontrer qn – 5 **s'en aller** partir – 11 **la solitude** → seul – 11 **être blessé, e** avoir mal – 16 **tandis que** pendant que – 18 **suffire** être assez – 24 **résonner** *ici* : revenir – 29 **avoir hâte de faire qc** vouloir faire qc vite – 31 **convenu, e** *ici* : décidé par tous les deux}

Des étudiants devant l'université McGill

9

Dans le parc du Mont-Royal où Éric se promène avec Sofiane, le sol est recouvert d'une neige épaisse. Il fait un froid sec, un soleil radieux brille dans un ciel bleu sans nuage. Le blanc est partout, faisant du parc un endroit d'une pureté tranquillisante. Tous deux sont silencieux et pensent à la conversation d'Éric avec le professeur de sociologie. En vérité, un conseil de Sofiane, habitué aux confrontations directes. Chez lui, on ne tourne pas autour du pot. Pourquoi attendre passivement et se rendre malade alors qu'il serait bien plus simple d'aller voir ce prof et de l'avertir des conséquences de ses actions. Éric se souvient de tout ce que Sofiane et lui se sont dits.

C'est à la sortie de l'amphithéâtre qu'il l'avait attendu, un nœud dans l'estomac. Il n'avait pas arrêté de penser à cette histoire et à sa relation avec Élise, même s'il n'était plus trop sûr qu'ils soient encore ensemble, du moins depuis leur dernière conversation dans la rue Sainte-Catherine. Élise était partie si vite sans lui donner la

---

1 **la vérité** → vrai – 8 **tourner autour du pot** ne pas être direct – 10 **avertir qn** dire à qn qu'il doit faire attention – 12 **un nœud** *ici :* mal

chance de s'exprimer sur ses sentiments et sans s'expliquer elle-même sur la relation qu'elle avait avec ce professeur. Mais, ensemble ou non, ce professeur était en train de ruiner ses chances avec Élise. C'est la conclusion à laquelle il était parvenu avec Sofiane. Ce prof avait commis une faute professionnelle évidente. On ne sort pas avec son étudiante et on ne la met pas enceinte. Si Élise refusait de lui parler, le professeur lui en dirait peut-être plus. Éric était en position de force, il était au courant de tout et s'il ne voulait pas que cette affaire aille plus loin, le professeur avait intérêt à se montrer coopératif. Il répétait plusieurs fois les phrases dans sa tête, celles qu'il devrait dire au professeur.

La porte de l'amphithéâtre s'était ouverte et Éric avait vu sortir les étudiants en masse, beaucoup avec leur portable à la main. Il aimait leur accent québécois chantant. C'est quand la masse de personnes s'était arrêtée, qu'il s'était décidé à entrer dans l'amphithéâtre. En bas des marches qui descendaient au milieu des rangées de sièges disposés en arc de cercle, il avait vite remarqué le profil du professeur qui se découpait sur le tableau noir. Seul, il était en train de ranger ses affaires dans son cartable noir. Grand, mince, le nez droit et les cheveux gris, il le trouvait impressionnant dans son costume noir. Éric se disait qu'il n'était pas étonnant qu'il ait plu à Élise. Un professeur sûr de lui qui sait trouver les mots et qui en impose avec son expérience et son savoir. Comment rivaliser ?

– Monsieur Milet ?
– Oui ?
– Bonjour je suis Éric Baccolini…
– Vous êtes français, du sud, vous avez l'accent du soleil. Si vous avez des questions sur le cours, vous pouvez venir me voir, j'assure une permanence le mardi après-midi en salle 407.

---

1 **s'exprimer** → expression – 4 **parvenir à qc** arriver à qc – 5 **commettre une faute** faire une faute – 8 **être au courant de qc** savoir qc – 16 **une rangée** Reihe – 17 **un siège** une chaise – 17 **disposer qc** installer qc – 17 **un arc de cercle** Halbkreis – 18 **se découper** ici : bien se voir – 19 **un cartable** un grand sac – 21 **impressionnant, e** beeindruckend – 22 **étonnant, e** qui surprend – 23 **en imposer** imponieren – 30 **assurer une permanence** être là par ex pour des étudiants qui ont des questions

– Je ne suis pas l'un de vos étudiants, monsieur mais j'étudie à McGill. Je viens vous voir au sujet d'Élise Garnier, une de vos étudiantes.
 – Ah oui ? Qu'y a-t-il ?
5 – Je suis son petit ami. Et je me fais du souci pour elle.
 – Pourquoi donc ? Est-elle malade ?
 – Non, non, elle va bien. Mais, c'est que je vous ai vus ensemble l'autre jour dans la rue.
 – Vous savez, je croise beaucoup d'étudiants dans la rue, il se
10 trouve que je n'habite pas loin de l'université.
 – Vous prenez tous vos étudiants dans vos bras, monsieur ?
 – J'ai bien peur de ne pas vous comprendre, monsieur…
 – Baccolini. Quand je vous ai vu avec elle l'autre jour, elle pleurait dans vos bras. Je cherche à comprendre.
15 – M. Baccolini, j'apprécie votre sollicitude mais je n'ai rien à vous dire.
 – Vous devriez, vous n'êtes pas sans savoir qu'il peut être mal vu d'être aussi proche d'une étudiante, surtout à un poste comme le vôtre.
20 – Que sous-entendez-vous ?
 – Je crois que vous me comprenez parfaitement, monsieur.
 – Je ne vous permets pas de venir me menacer sur mon lieu de travail pour une affaire qui ne vous concerne pas.
 – Je crois que si justement, elle me concerne. Je vous demande de
25 ne pas essayer de revoir Élise en dehors des cours.
 – M. Baccolini, je ne crois pas qu'il vous soit possible de me demander quoi que ce soit. Je vous conseille de ne pas vous mêler de cette affaire. Il serait dommage que cela compromette votre année à McGill.

30 Éric et Sofiane croisent des gens souriants qui leur disent parfois bonjour. En haut du parc, ils s'arrêtent pour admirer la vue

5 se faire du souci beunruhigt sein – 9 croiser qn rencontrer qn – 9 il se trouve que *ici* : zufällig –
15 apprécier qc trouver bien qc – 15 la sollicitude quand qn se sent concerné – 18 un poste un travail –
20 sous-entendre qc vouloir dire qc – 22 ne pas permettre à qn de faire qc interdire à qn de faire qc –
22 menacer qn mettre qn en danger – 27 quoi que ce soit *ici* : quelque chose – 28 se mêler de qc sich in etw einmischen – 28 compromettre qc mettre qc en danger – 30 parfois de temps en temps

Vue de Montréal sous la neige

imprenable sur les gratte-ciel. Les rues et avenues, recouvertes d'une couche blanche claire, semblent dormir en attendant que le printemps et les passants viennent les réveiller de leur sommeil.
- J'arrive pas à croire qu'il t'ait menacé. C'est lui qui est dans une situation difficile, pas toi. Si le président de l'université apprend cette histoire, sa carrière sera peut-être finie.
- Il semblait pourtant très sûr de lui. Tu vois, ça n'a servi à rien. Il va sûrement continuer à la voir.
- Je pense que s'il était déstabilisé, il ne l'aurait sûrement pas montré. Et puis, il t'aurait pas menacé s'il était aussi sûr de lui. Ça va le faire réfléchir. Et s'il continue à la voir, tu peux passer à l'action.
- Tu sais, si Élise apprend que je suis allé voir son prof dans son dos, elle sera furieuse et ne voudra plus me parler. Mais attends, je n'avais pas fini mon histoire. Figure-toi que j'étais tellement choqué par son attitude que je l'ai suivi après son cours à l'université.

---

1 **imprenable** unverbaubar – 2 **une couche** *ici* : Decke – 9 **déstabilisé, e** *ici* : pas sûr – 14 **furieux, -se** en colère

– Non ! T'as pas fait ça !
– Si, après tout, il fallait que je sois sûr. Élise l'avait dit elle-même, il habite tout près de l'université.
– Ah tu vois qu'elle dit la vérité, au moins sur un point.
5 – Attends d'entendre la suite.

Éric repense à la veille et revit la situation.

Quand M. Milet est sorti du bâtiment de l'université, Éric l'a suivi à distance en faisant attention de ne pas être remarqué. Il pouvait apercevoir son dos et son cartable à sa main droite. Au coin d'une
10 rue, le prof a tourné et a monté un grand escalier menant à une maison de deux étages, style victorien, imposante.

Quand M. Milet a passé la porte d'entrée, Éric a regardé la sonnette. Il n'y avait qu'un seul nom. Il devait avoir de l'argent, ce monsieur. Une maison comme ça, ça doit être cher, pense Éric.
15 Après quelques minutes, il a osé monter les marches de l'escalier qui menait à l'entrée et à une terrasse délimitée par des colonnes

---

9 **au coin d'une rue** là où deux rues se rencontrent – 10 **mener à qc** *ici :* aller – 12 **une sonnette** → sonner – 15 **une marche** partie de l'escalier – 16 **délimité, e** *ici :* fermé

de pierre. Il s'est approché d'une des fenêtres qui donnaient sur le salon. Et là, il a vu le prof avec une femme et deux filles d'environ dix ans. Éric a pensé à Élise : sait-elle qu'il est marié ? Normalement, elle n'est pas le genre de fille à être naïve…
5 Il a essayé d'être le plus discret possible. À un moment, M. Milet est sorti du salon. Éric a continué de regarder. Il était fasciné par cette image de famille heureuse…
Tout à coup, il a senti des doigts tapoter son épaule.
Éric a sursauté. Il s'est retourné lentement et s'est trouvé nez à nez
10 avec un policier en uniforme.
– Qu'est-ce que vous faites là ? Vous ne savez pas qu'il est interdit d'espionner les gens ?
Éric n'a pas répondu.
– Vos papiers s'il vous plaît !
15 Éric a sorti sa carte d'identité française de sa poche.
– Ah, vous êtes français. Mais dites-moi, qu'est-ce que vous faites ici ?
Éric a retrouvé sa langue :
– Je fais des études ici à Montréal. Je suis nouveau dans la ville et en
20 rentrant de l'université je me suis perdu…
Le policier n'avait pas l'air très convaincu :
– Et c'est parce que vous cherchez votre chemin que vous regardez par la fenêtre des gens ?
Éric savait qu'il aurait dû trouver mieux comme excuse, mais il est
25 toujours sous le choc. Il craignait que le policier l'emmène au commissariat. Il a balbutié :
– Je suis étudiant à McGill. Mon prof de sociologie habite ici. C'est pas pour le cambrioler que je suis ici, mais pour passer un examen.
30 Le policier n'a pas semblé aimer l'humour d'Éric.
– Si vous voulez rester au Québec, il faut que vous respectiez les règles du pays, jeune homme.

---

1 s'approcher de qc aller près de qc – **1 donner sur qc** s'ouvrir sur qc – **2 environ** pas exactement – **8 tapoter l'épaule** auf die Schulter klopfen – **9 sursauter** *ici* : aufschrecken – **26 balbutier** parler de façon pas claire – **28 cambrioler** voler

– Et qu'est-ce qui s'est passé après ?
– Il m'a laissé partir. J'avais trop peur qu'il sonne et que je me retrouve devant le prof, trop la honte. Et t'imagines la réaction d'Élise si elle l'apprend…
– En tout cas, je le savais, ton prof est marié et il se donne du bon temps avec une jeune étudiante à qui il promet de tout laisser pour elle. Si sa femme savait…
– N'exagère pas !
– Le mensonge et les non-dits, y a rien de pire. Je pense pourtant qu'Élise tient à toi. Je l'ai vu dans ses yeux quand elle te regarde.
– Ah bon ?
– Oui, le regard, ça trompe pas. On peut difficilement tricher. Marina, quand elle va pas bien, ou qu'elle ose pas me dire un truc, je le vois tout de suite à l'expression de ses yeux. Et toi, tu penses beaucoup à Élise, t'arrête pas d'écouter le CD qu'elle t'a passé de ce chanteur québécois. Je sais pas si ça te fait du bien ces chansons…
– Alexandre Poulin, oui il est très doué.
– Et il te fait penser à Élise… Bon, on arrête de parler de ça, il faut te changer les idées. On fait quoi ce soir ?
– Rémi voulait qu'on sorte dans un bar sympa tous ensemble. Je sais pas encore si je vais vous accompagner. Après toute cette histoire, j'ai pas envie de voir Élise.
– Oh, arrête. Élise n'est pas au courant. Je vais bientôt partir. Viens avec nous ! Ça va être sympa.
– Bon ok, pour toi je viendrai. Allez, viens maintenant, on va dans le quartier de Hochelaga-Maisonneuve. Tu vas voir, c'est très sympa. C'est là qu'il y a le stade olympique de Montréal, en forme de cygne. Regarde, on le voit d'ici !
– Ah oui, je le vois. Il est beau ce stade !
– Oui, sa forme est très originale. Hochelaga-Maisonneuve était à la base un quartier très populaire, assez pauvre, habité par des ouvriers, avec beaucoup de fabriques de chaussures et d'acier.

3 **la honte** Schande – 9 **un mensonge** qc qui n'est pas vrai – 12 **tricher** ne pas respecter les règles d'un jeu – 16 **passer qc à qn** *ici : fam* donner qc à qn – 18 **doué, e** begabt – 33 **un ouvrier** qn qui travaille, par ex dans une fabrique – 33 **l'acier** *m* Stahl

Quand elles ont fermé, le chômage y a explosé. On disait le quartier dangereux. Mais les bas loyers ont attiré beaucoup de gens, des artistes entre autres. On a reconverti les fabriques en lofts. Ça devient très bobo.
5 – Dis-donc, t'es bien informé.
– Mieux que ça, c'est là où a eu lieu la fête où on s'est embrassés pour la première fois.
– Je comprends mieux ton enthousiasme… Allons-y.

Stade olympique de Montréal

1 **le chômage** situation d'une personne qui n'a pas de travail – 2 **attirer qn** faire venir qn – 2 **un loyer** argent payé pour habiter – 3 **reconvertir qc** faire devenir qc – 4 **bobo** (= **bourgeois bohème**) *fam* schickimicki

Le Village

10   Éric ouvre l'œil et regarde l'heure sur son portable. Il est onze heures et la coloc semble encore dormir. Sur son matelas, Sofiane est allongé sur le ventre, les bras écartés et la tête dans le coussin. Éric revoit les images de la veille : Rémi qui décide d'emmener ses colocs et Sofiane dans le quartier gay de Montréal, le Village, connu pour ses bars, ses discothèques et ses spectacles de cabaret. Élise, souriante, comme si elle avait oublié la dispute avec Éric. Elle lui a tenu la main et l'a même embrassé pendant la soirée. La surprise quand Rémi a décidé de leur présenter son nouveau petit ami. Seule Élise savait pour Rémi. Là, Éric a bien senti que Sofiane faisait la grimace. Il est un peu conservateur à propos de la sexualité.

Éric se rappelle l'ambiance détendue du Village. Chez lui à Marseille, cela ne serait pas possible mais à Montréal et surtout

---

3 **allongé, e** couché – 4 **écarté, e** levé – 4 **un coussin** Kissen – 12 **conservateur, -trice** konservativ

dans ce quartier, les hommes n'ont pas peur de se tenir la main et de s'embrasser sur la bouche dans la rue en public. Sofiane s'est très vite détendu dans le bar-discothèque où ils sont allés, séduit par le rock indépendant qu'il écoute aussi à Marseille. Il a même discuté de hockey sur glace avec le petit ami de Rémi. Élise a très vite emmené Éric sur la piste de danse et tous deux se sont amusés comme si les problèmes d'il y a quelques jours n'existaient plus et que tout était rentré dans l'ordre. Sofiane, Rémi et son petit ami les ont bientôt retrouvés sur la piste et tous ont dansé une bonne partie de la soirée. Éric aurait aimé croire que tout s'était arrangé. Mais beaucoup de questions restaient sans réponse. Et sa conversation avec le prof d'Élise lui laissait une mauvaise impression, comme un arrière-goût désagréable dans la bouche et une pointe dans le ventre qui ne voulait pas partir.

Montréal de nuit

10 **s'arranger** *ici* : quand il n'y a plus de problème – 13 **l'arrière-goût** *m* Nachgeschmack – 13 **désagréable** ≠ sympa

Perdu dans ses pensées, Éric entend à peine le téléphone sonner et la voix d'Élise dire « allô ». Quelques minutes plus tard, il entend frapper à sa porte. Il se lève et pense qu'on le demande au téléphone. Mais Élise, le visage sombre, lui demande de le suivre dans le salon.

5 Elle ferme la porte et se retourne, le visage déformé par la colère.
- Comment as-tu osé aller voir mon prof dans mon dos ? Je t'avais pourtant dit de ne pas te mêler de cette histoire !
- Il t'a appelé ? Vous vous téléphonez en plus de vous voir en privé ?
- Ne prends pas ce ton ironique avec moi !
10 - Je constate, c'est tout. Si tu m'avais dit toute la vérité sur cette histoire, je serais pas allé voir ton prof. Il faut bien que quelqu'un lui rappelle qu'on ne voit pas ses étudiantes en privé sans conséquences.
- Pour qui te prends-tu ? Tu arrives dans un pays étranger et c'est
15 toi qui va apprendre aux Québécois comment se comporter !
- Je pense pas que ce soit très différent de chez nous. Un prof qui voit une étudiante en privé, c'est discutable.
- Mais pour qui me prends-tu ? Tu ne me fais vraiment pas confiance ! Ta jalousie est maladive. Penses-tu que je serais avec
20 toi si j'avais une relation avec ce prof ?
- Mais alors pourquoi tant de mystères ? Pourquoi ne pas simplement me dire ce que vous cachez tous les deux ?
- J'ai mes raisons, je t'en parlerai le moment venu.
- Quel moment venu ? Quand tu décideras de garder le bébé ? Moi,
25 je suis quoi dans l'histoire ?
- T'es devenu fou ? Mais de quel bébé tu parles ?
- J'essaie juste de comprendre ce que tu faisais à l'hôpital l'autre jour. Alors que tu m'as dit que t'étais en cours…
- C'est ce que je dis, t'es complètement fou. Et en plus, tu
30 me surveilles ! C'est comme ça qu'on fait avec les femmes à Marseille ? On les surveille parce qu'on n'a pas confiance, parce qu'on les respecte pas ? Je crois que je me suis trompée sur toi.
- Élise, s'il te plaît…

---

4 **sombre** *ici :* en colère – 10 **constater qc** etw feststellen – 14 **se prendre pour qn** croire qu'on est qn – 15 **apprendre qc à qn** jdm etw beibringen – 15 **se comporter** sich benehmen – 17 **discutable** qu'on peu critiquer – 19 **maladif, -ve** → maladie – 32 **se tromper** faire une faute

– Laisse-moi tranquille. Elle quitte la pièce en claquant la porte. Seul dans le salon, Éric a les larmes aux yeux. Pourquoi a-t-il parlé de l'hôpital et du bébé ? Et s'il n'y avait pas de bébé ? Maintenant, Élise pense qu'il est non seulement jaloux, mais aussi complètement fou. Bien joué. Voilà comment toutes les bonnes impressions de la soirée au Village s'évaporent, de bien fragiles souvenirs. Il a l'impression d'avoir perdu Élise.

La porte du couloir s'ouvre et Éric voit le visage de Sofiane à moitié endormi.
– J'ai entendu crier, qu'est-ce qui se passe ?
– Il se passe qu'avec tes bons conseils et tes suppositions, Élise me prend pour un fou et ne veut plus me voir !
– Attends, mon pote. Cette histoire est pas claire depuis le début, j'y suis pour rien, moi. C'était important de faire quelque chose.
– Aller voir ce professeur n'était apparemment pas la meilleure des choses à faire. Il vient d'appeler pour le lui dire. Élise n'a plus confiance en moi.
– Mais la question est de savoir, lui fais-tu confiance ? Viens-là, on va en parler. Je vais te faire un café, on n'a pas les idées claires au réveil.
– Justement si ! Tout ce que je voulais pas faire, je l'ai fait car je pensais que t'avais raison. Ici, on considère pas les femmes comme si elles avaient quelque chose à cacher. Elle m'appartient pas et ce n'est pas ma propriété privée, on n'est pas à Marseille ici !
– Qu'est-ce que Marseille vient faire dans l'histoire ? Ce sont les mots d'Élise ça, pas les tiens. Chez nous, on parle ouvertement. Je pense que si Élise a un truc avec ce prof, t'as le droit de le savoir. Et surtout d'aller chercher l'info toi-même si elle refuse de te la donner. Après, quand tu sauras ce qui se passe, tu seras libre d'accepter la situation ou de la refuser.
– Je sais plus où j'en suis. Elle voudra plus me parler !
– Attends un peu que les choses se calment. Viens boire un café.

---

6 **s'évaporer** *ici* : partir – 13 **je n'y suis pour rien** ce n'est pas de ma faute – 26 **ouvertement** *ici* : sans tabou – 27 **avoir le droit de faire qc** etw dürfen

Dans l'après-midi, Éric et Sofiane se promènent dans la rue Saint-Denis près du métro Sherbrooke, dans le quartier de la colocation que Sofiane aime beaucoup. Éric n'a pas le moral et Sofiane fait tout pour distraire son ami et le rassurer. Éric sent bien que Sofiane ne
5 sait pas non plus que penser de sa relation avec Élise. De retour à la maison, Éric entend des voix dans le salon. En ouvrant la porte, il s'attend à trouver les colocataires, une pointe dans le ventre, la peur de revoir Élise, qu'elle l'ignore. Quelle n'est pas sa surprise quand il voit Élise avec son professeur, main dans la main, Élise des larmes
10 dans les yeux.
Éric sent la colère monter en lui.
– Éric, c'est pas ce que tu crois, assieds-toi.
Éric sent que le sang lui monte à la tête. Il tremble. Pourquoi le professeur lui sourit-il ? Pourquoi Élise lui prend-elle la main ?
15 Sont-ils devenus fous ?
– Éric, calme-toi. Le professeur Milet est venu me voir pour m'annoncer une bonne nouvelle. Je ne pouvais pas t'en parler avant que ce ne soit sûr.
– Luc, appelez-moi Luc, lance le professeur.
20 Éric ne comprend pas ces familiarités. Le professeur le menace l'autre jour et lui demande maintenant de l'appeler Luc. Luc prend la feuille de papier posée sur la table. Éric tremble et ne veut pas entendre la nouvelle. À leur sourire, Éric pense qu'il y a bien un bébé, qu'Élise est enceinte. Tout le monde est heureux. Et lui... Élise
25 lui caresse la main devant lui. Il ne comprend plus rien.

– Depuis quelques années je fais des recherches. Ma mère n'a jamais voulu me parler de mon père, furieuse qu'il ne m'ait pas reconnue quand je suis née. Ils se sont séparés quand il a appris qu'elle était enceinte. Mes longues recherches m'ont conduite à
30 McGill et au cours de sociologie du professeur Milet auquel je me suis inscrite. Je suis allée le voir et lui ai parlé de ma mère et de mes recherches. Il s'est trouvé qu'il est mon père.

---

3 **ne pas avoir le moral** être triste – 4 **distraire qn** faire penser qn à autre chose – 4 **rassurer qn** dire à qn que ce n'est pas grave – 5 **de retour à** → retourner – 8 **Quelle n'est pas sa surprise quand...** Was für eine Überraschung als... – 25 **caresser qc/qn** etw/jdn streicheln

– Le problème, c'est que je suis marié et que j'ai des enfants. Ma femme ne sait pas que j'ai eu un enfant hors mariage. À l'époque, j'étais bien trop jeune. Je venais de commencer mes études quand j'ai rencontré la mère d'Élise. Nous avions seulement eu une aventure, rien de sérieux de mon côté et je savais qu'elle voyait aussi d'autres hommes à cette époque. Mes parents m'ont convaincu de ne pas reconnaître le bébé et m'ont menacé de ne plus m'aider financièrement si j'acceptais cette paternité et toutes les responsabilités. Mon avenir professionnel serait fini, disaient-ils. J'ai paniqué et je le regrette à présent. La pensée d'avoir un enfant, sans savoir si c'était un garçon ou une fille ne m'a plus quitté. Mais je ne voulais pas que ma famille apprenne que j'ai une fille, pas avant d'être sûr de notre lien de parenté.
– Il m'a convaincu d'aller à l'hôpital et de faire ce test de paternité. C'est pour ça que je t'en ai pas parlé au début. On s'était promis de n'en parler à personne avant que ce soit sûr. Des rumeurs auraient pu être catastrophiques à la fac et dans sa famille.

Un long silence suit. Éric est pâle, il regarde le sol. Son cœur bat très vite et ses mains commencent à trembler.
– T'aurais pu me faire confiance. Je l'aurais dit à personne. Je me sens bête maintenant. Et dire que je pensais que vous aviez une aventure et que j'imaginais que tu étais enceinte. Surtout après avoir vu par hasard sur ton ordi le site Internet de vêtements pour bébés.
– T'es entré dans ma chambre comme ça ?
– Oui, pardon, c'était stupide mais la porte était ouverte et j'étais curieux...
– Mais comment t'as pu penser ça ? Une amie d'enfance attend un bébé et je voulais lui commander une grenouillère.
– Je me sens bête...
– Pardonnez-moi ma réaction de l'autre jour à l'amphithéâtre. Il ne fallait pas qu'on apprenne cette affaire, les bruits à l'université

---

2 **hors mariage** nicht ehelich – 8 **la paternité** → père – 10 **regretter qc** etw bedauern – 10 **à présent** maintenant – 13 **le lien de parenté** relation entre deux personnes qui sont de la même famille – 16 **une rumeur** Gerücht – 18 **pâle** blass – 21 **et dire que** quand je pense que – 29 **une grenouillère** un vêtement pour bébé – 32 **les bruits** mpl ici : rumeur

65

courent vite. Et si ma femme venait à apprendre la nouvelle avant que je lui en parle, ça serait désastreux. Après notre rencontre à l'amphithéâtre, c'est là que j'ai compris que notre comportement pouvait porter à confusion et c'est là que j'ai appelé Élise pour lui dire de vous rassurer.
– Ah ça, pour me rassurer, elle m'a rassuré…
– Mais j'étais tellement furieuse que tu me fasses pas confiance et que tu me surveilles…
– Excuse-moi. J'ai eu peur et j'ai imaginé le pire…
– Je comprends. Je me suis pas mise à ta place, c'est aussi de ma faute. Et t'es pourtant le premier avec qui je voulais partager la nouvelle.
– Quelle surprise. Mais je suis heureux pour vous. Monsieur Milet, euh… Luc, je ne voulais pas vous menacer, je n'étais plus sûr de rien.
– Ça n'a plus d'importance. L'essentiel, c'est que j'aie retrouvé ma fille.
– Et moi, mon père et… mon petit ami. Maintenant, tu sais tout.
– Mieux vaut tard que jamais…

Éric sent un énorme poids lui tomber du cœur. Malgré la fatigue qui l'envahit, il se sent heureux.

Le Mile End

4 **porter à confusion** être mal interprété – 12 **partager qc avec qn** *ici :* dire qc à qn – 16 **l'essentiel** *m* le plus important – 19 **mieux vaut** c'est mieux

Le lendemain, c'est le jour du départ de Sofiane. Éric décide d'aller bruncher avec lui dans le quartier des artistes, le Mile End.
– Ce quartier est le cœur de la scène musicale indépendante, c'est là qu' Arcade Fire a commencé à se faire connaître.
– Ah, oui ? J'adore ce groupe !
– Regarde tous les bars, les cafés, les librairies. Dans cet immeuble, il y a des ateliers d'artistes.
– C'est beau et très vivant.
– Le problème c'est que les loyers augmentent car les grandes entreprises viennent s'y installer parce que le quartier est devenu cool.
– C'est toujours comme ça… Dis-donc, mais il y a tous les types de gens ici. T'as vu leur look ?
– Oui, on sent la mode dans l'air, la créativité se voit même dans les vêtements excentriques des passants. Il y a quelques friperies où on peut trouver des vêtements originaux. C'est très mélangé, il y a une communauté juive, des Grecs, des Italiens et des anglophones.

Après le brunch, les deux amis prennent le bus pour l'aéroport. Une fois arrivés, ils vont à l'enregistrement des bagages et se mettent dans la file d'attente. Les gens se pressent autour d'eux, leurs valises à la main. Éric est triste que son ami parte.
– Je regrette qu'on ait parlé de mes problèmes perso pendant toutes les vacances. Tu as essayé de m'aider et j'ai été injuste avec toi. J'espère que Montréal t'a plu.
– Pas de problème mon pote. J'ai trop kiffé la ville. C'est un endroit incroyable. Et puis, jouer les Sherlock Holmes m'a bien amusé. J'ai juste pas trouvé la bonne solution à l'énigme, désolé. J'ai tiré des conclusions trop vite. L'inspecteur Baccolini*, lui, aurait trouvé la solution plus rapidement.

*__L'inspecteur Baccolini__ est le père d'Éric. Voir aussi "Sous le ciel de Marseille", Ernst Klett Sprachen, 2009.

7 **vivant, e** → vivre – 8 **augmenter** *ici* : être plus cher – 14 **une friperie** boutique où on peut acheter des vêtements de seconde main – 17 **(un) anglophone** qn qui parle anglais – 19 **l'enregistrement des bagages** *m* où on donne les sacs à l'aéroport – 20 **une file d'attente** Warteschlange – 20 **se presser** faire vite – 20 **une valise** un grand sac pour voyager – 22 **perso** *ici* : personnel, privé – 24 **kiffer qc** *fam ici* : aimer qc – 27 **tirer qc** *ici* : prendre

– Tu voulais m'aider et les apparences étaient trompeuses. C'est vrai, mon père aurait peut-être trouvé la clé de l'énigme plus tôt. L'expérience et les années de métier. T'imagines si je dois lui demander de m'aider à chaque fois que j'ai des problèmes perso !
– Comme dit Élise, confiance et respect… même quand on est très jaloux, comme moi.
– C'est Marina qui va te trouver changé après tes vacances au Québec. Et si en plus tu lui racontes que t'es allé dans le quartier gay, elle sera très surprise ! L'air frais ouvre l'esprit.
– Tu veux dire l'air glacial ! Franchement il fait trop froid chez vous l'hiver…
– L'été, c'est le contraire, la chaleur est étouffante et l'air est extrêmement humide. Le printemps est la saison la plus agréable. Je te raconterai.
– En tout cas, ça va pas être facile de ne plus être jaloux. Marina me plaît tellement que ça me rend malade de savoir qu'on la drague dans mon dos. Et puis peut-être qu'elle pensera que je suis plus amoureux d'elle, si j'arrête d'être jaloux.
– Avec ta jalousie, c'est sûr, tu lui montres que tu tiens à elle et que tu as envie de la protéger. Elle en a peut-être besoin. Allez, fais-lui de grosses bises de ma part. Et quand je reviendrai l'été prochain, on ira dans les calanques ensemble.
– Avec Élise ?
– Bah, ça, on peut pas savoir à l'avance. Elle viendra si on est encore ensemble. S'il y a bien une chose que j'ai apprise, c'est qu'une relation est fragile et qu'il faut la cultiver. Qui sait de quoi demain sera fait ? D'ici là, on va en profiter au jour le jour.

---

10 ouvrir l'esprit faire devenir plus tolérant – **11 franchement** ehrlich gesagt – **13 étouffant, e** *ici :* trop chaud – **14 agréable** sympa – **17 draguer** *fam* montrer à qn son intérêt – **23 les calanques** *fpl* plages du sud de la France avec des rochers – **25 à l'avance** *f* → avant – **27 cultiver** qc etw pflegen – **28 au jour le jour** sans faire de plan

Le Canada

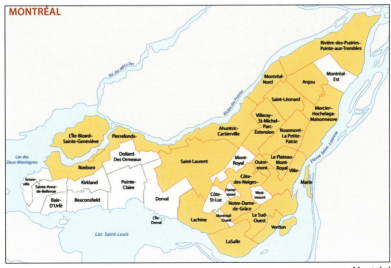

Montréal

Activités après l'écoute ou la lecture

Chapitre 1

1. Après l'écoute du chapitre 1, cochez la bonne réponse.

1. Comment Éric a-t-il trouvé sa colocation à Montréal ?
   a. Un étudiant lui a conseillé l'appartement d'une amie. ☐
   b. Il a trouvé une petite annonce sur Internet. ☒
   c. Il a cherché quand il est arrivé à Montréal. ☐

2. Combien de colocataires a Éric ?
   a. Un ☐
   b. Deux ☒
   c. Trois ☐

3. Quel est l'endroit préféré d'Éric au parc du Mont-Royal ?
   a. Le chemin qui monte. ☐
   b. En haut du parc à cause de la vue. ☐
   c. Le lac aux Castors. ☒

4. Pourquoi Éric étudie-t-il à l'université de McGill ?
   a. Il a choisi au hasard. ☐
   b. C'est la meilleure université. ☐
   c. McGill est partenaire de son université à Marseille. ☒

5. Pourquoi les professeurs québécois ont-ils intérêt à être gentils avec leurs étudiants ?
   a. Les étudiants donnent des notes à leurs professeurs. ☒
   b. Sinon les étudiants ne viennent plus en cours. ☐
   c. Pour recevoir des cadeaux des étudiants. ☐

6. Pourquoi Élise conseille-t-elle à Éric d'aller à la Biosphère ?
   a. Parce que c'est très beau. ☐
   b. Parce que la Biosphère est un monument. ☐
   c. Parce que la Biosphère est le musée de l'environnement qui intéresse Éric. ☒

2. Complétez le texte à trous :

> gentils – cuisiné – souriants – loin – proposé –
> intéresse – reçu – quartier – colocation – trouvé

Éric a __reçu__ une bourse pour aller étudier à Montréal. C'est la première fois qu'il part aussi __loin__ de chez lui. Il a __trouvé__ une __colocation__ dans un __quartier__ sympa près du parc du Mont-Royal où il aime se promener. Les Montréalais sont très __souriants__ dans la rue. Ses deux colocataires sont très __gentils__ avec Éric. Rémi a __cuisiné__ pour lui une spécialité de sa région et Élise lui a __proposé__ de lui montrer la Biosphère parce qu'Éric s'__intéresse__ à l'environnement.

3. Anagrammes

Retrouvez les mots en remettant les lettres dans le bon ordre.

a. Éric voit des __écureuils__ UIELCURES à Montréal qui n'ont pas peur des gens.
b. Rémi a cuisiné une __spécialité__ PESAITCILE de sa région.
c. Éric aime l' __ambiance__ BANMICEA de son quartier.
d. Éric s'intéresse à l' __environnement__ ROENENVINMTNE.
e. Élise __étudie__ UDIEET la sociologie à l'université.
f. Avec l'automne, les __feuilles__ LFILEEUS des arbres ont la couleur du feu.

Chapitre 2

 1. Écoutez et répondez aux questions.
  a. Où se trouve la Biosphère ? sur l'île Sainte-Hélène, à la
  b. Que peut-on faire dans ce musée ? station de métro Jean
  Drapeau voir d'où viennent les
  phénomènes météorologiques

2. Après avoir lu les deux premiers chapitres, faites le portrait d'Élise.

 3. Écoutez et répondez aux questions.
  a. De quel souvenir d'enfance Éric se souvient-il ?
  b. Pourquoi Éric ne dit-il pas bonjour à Élise quand il la voit dans la rue ?
  c. Pourquoi Élise n'aime pas trop qu'Éric parle avec Catherine ?
  d. Qu'a dit Catherine qui trouble Éric ?

4. Trouvez l'intrus :

  a. environnement – rue – climat – météorologique
  b. écran – ordinateur – livre – écouteur
  c. parc – chambre – salon – cuisine
  d. université – ville – bourse – biologie
  e. chum – blonde – copain – char
  f. gratte-ciel – immeuble – façade – tour

Chapitre 3

1. Vrai ou faux ? Après l'écoute, cochez la bonne réponse.

	vrai	faux
a. Rémi parle à Éric de son travail.	☒	☐
b. L'ordinateur d'Élise n'est pas allumé.	☐	☒
c. À l'université, Éric revoit l'homme qui était avec Élise dans la rue.	☒	☒
d. Rémi a cuisiné une spécialité de sa région.	☒	☐
e. Céline est aussi étudiante à McGill.	☐	☒
f. Élise ne dit pas qu'elle a vu son professeur de sociologie en privé.	☒	☐

2. Classez les mots suivants dans le tableau.

	☺	☹
s'inquiéter		s'inquiéter
décontracté	décontracté (entspannt)	
galérer	(herumprobieren)	galérer
pleurer		pleurer
gêné	(verlegen)	gêné
heureux	heureux	
amoureux	amoureux	
agréable	agréable	
souffrir		souffrir
contrariété	(Verärgerung)	contrariété
souriant	souriant	

3. Répondez aux questions.

a. De quoi Rémi a-t-il peur pour la colocation ?
b. Que découvre Éric dans la chambre d'Élise ?
c. Comment Éric comprend-il que l'homme, qui était dans la rue avec Élise, est professeur ?
d. Que suppose Éric pour expliquer qu'Élise pleurait dans la rue ?

Chapitre 4

1. Après l'écoute du chapitre 4, cochez la bonne réponse.

1. Combien d'heures a duré le vol de Sofiane ?
a. 12 heures ☐
b. 6 heures ☐
c. 8 heures ☒

2. Pour Éric, pourquoi c'est différent avec les filles en France ?
a. En France, les filles ne sont pas directes. ☒
b. En France, les filles font toujours le premier pas. ☐
c. En France, les filles ne sont pas très sympas. ☐

3. Que suppose Sofiane quand il apprend qu'Élise voit son professeur en privé ?
a. Il suppose qu'elle a une relation avec lui. ☒
b. Il suppose qu'elle est avec le prof pour avoir de bonnes notes. ☐
c. Il suppose qu'elle a des problèmes à l'université. ☐

4. Pourquoi Sofiane est-il étonné quand il voit la colocation ?
a. Il la trouve très chic et moderne. ☐
b. C'est la première fois qu'il est dans une colocation. ☐
c. Il la trouve grande et est étonné de voir le parquet et la cheminée. ☒

2. Imaginez que Sofiane appelle sa copine et lui raconte sa première journée à Montréal. Écrivez le dialogue.

Chapitre 5

1 Lisez ou écoutez le chapitre et répondez aux questions.

a. Pourquoi les Québécois protègent-ils la langue française ?
b. Pourquoi peut-on parler de mixité dans l'architecture à Montréal ?
c. Pourquoi Éric a-t-il l'air triste pendant le petit-déjeuner ?
d. Que propose Sofiane à Éric et pourquoi ?

2. Écrivez le résumé du chapitre 5.

Chapitre 6

1. Remettez dans l'ordre les étapes de la filature[1] de Sofiane :

Lisez ou écoutez le chapitre 6 et classez les actions suivantes dans l'ordre de l'histoire. Si le classement est juste, vous devriez trouver un mot québécois. Connaissez-vous ce mot ?

1	2	3	4	5	6	7
C	A	T	C	H	E	R

T Sofiane est allé se promener jusqu'à ce qu'Élise sorte de cours.

H Sofiane suit Élise jusqu'à l'hôpital.

R Sofiane quitte l'hôpital pour ne pas se faire repérer.

A Sofiane suit Élise jusqu'à l'université.

C Sofiane attend qu'Élise parte avant de la suivre.

C Sofiane suit Élise jusqu'au métro.

E Élise rencontre un type plus âgé.

[1] **une filature** quand qn suit qn

2. Répondez aux questions.

  a. Pourquoi Éric veut-il montrer le quartier chinois à Sofiane ?
  b. Que découvre Sofiane en suivant Élise ?
  c. Que suppose Sofiane et pourquoi ?

3. Que faisait Élise à l'hôpital ? Êtes-vous d'accord avec l'interprétation de Sofiane ? Faites d'autres suppositions.

Chapitre 7

1. Vrai ou faux ? Après l'écoute, cochez la bonne réponse.

	vrai	faux
a. Éric a proposé à Sofiane de rester avec Élise pour faire connaissance.	☐	☒
b. Éric n'a pas l'habitude de la neige.	☒	☐
c. Éric a fait un beau rêve d'Élise.	☐	☒
d. Élise dit à Éric qu'elle n'est pas allée en cours la veille.	☐	☒
e. Le RÉSO est la ville intérieure de Montréal.	☒	☐
f. Éric pense qu'Élise et lui sont peut-être ensemble.	☒	☐

2. Imaginez la suite du rêve d'Éric.

Chapitre 8

1. Complétez le texte par les prépositions qui conviennent. Aidez-vous de l'histoire.

Éric et Élise marchent _dans_ la rue Sainte-Catherine où il y a beaucoup de magasins fermés parce que c'est dimanche. Éric voudrait poser des questions _à_ sa colocataire mais il a peur _de_ sa réaction. Il comprend qu'il a des sentiments forts _pour_ elle. Il demande _à_ Élise ce qu'elle faisait _dans_ la rue _avec_ son professeur de sociologie. Elle explique _à_ Éric qu'ils se rencontrent parfois parce qu'il vient _à_ pied. Éric dit _à_ Élise qu'il l'a vue pleurer _dans_ les bras de son professeur et qu'il voudrait comprendre. Élise prétend qu'elle ne peut pas parler _de_ cela et qu'il devrait avoir confiance _en_ elle. Éric ne comprend pas pourquoi Élise a dit qu'elle était _à_ l'université si ce n'est pas vrai. Élise s'énerve et décide _de_ partir.

2. Que pensez-vous de la réaction d'Élise ? Éric doit-il lui faire confiance ?

Chapitre 9

1. Imaginez qu'Éric décide d'aller voir le président de l'université. Écrivez le dialogue et jouez-le devant la classe avec un/e partenaire.

2. Écoutez et répondez aux questions.

a. Pourquoi Éric a-t-il pris la décision de parler au professeur d'Élise ?
b. Comment trouvez-vous la réaction du professeur ?
c. Qu'apprend Éric sur le professeur après qu'il l'a suivi ?
d. Pourquoi le quartier de Hochelaga-Maisonneuve est-il devenu « bobo » ?

Chapitre 10

 1. Écoutez et répondez aux questions.

   a. Qu'apprennent Éric et Sofiane sur Rémi pendant la soirée au Village ?
   b. Pourquoi Éric ne voulait-il pas trop sortir avec les autres ?
   c. Pourquoi Élise est-elle énervée contre Éric ?
   d. Qu'y avait-t-il finalement entre Élise et son professeur de sociologie ?

2. Écrivez le mail (ou la carte postale) que pourrait écrire Éric à Sofiane pour le remercier d'être venu à Montréal.

Après la lecture

Et vous, quel quartier de Montréal voudriez-vous visiter ? Et pourquoi ?

Une recette du Québec : la poutine

La poutine est un plat fast food qui se compose de pommes frites, de fromage et d'une sauce brune (sauce barbecue).
5 La poutine est très populaire au Québec, on la trouve dans presque tous les restaurants-minute et aussi dans les grandes chaînes de restauration rapide
10 comme McDonald's et Burger King.

Préparation :   15 minutes

Cuisson :   10 minutes

Ingrédients (pour 4 personnes) :

15 10 grosses pommes de terre
de l'huile végétale pour frire
100 g de sauce barbecue
100 g de fromage Gouda ou Cheddar râpé

Préparation :

20 **1.** Épluchez les pommes de terre et coupez-les en forme de frites.

2. Faites frire les pommes de terre à 160-170°C et ensuite à 180-190°C pendant 2 min.

3. Mettez les frites dans un bol, ajoutez le fromage et versez la sauce barbecue chaude.

25 C'est prêt !

Faites attention aux calories, ce n'est pas très diététique si consommé en grande quantité ☺

---

16 **l'huile** f **végétale** Pflanzenöl – 16 **frire qc** etw frittieren – 18 **râpé, e** gerieben – 20 **éplucher qc** etw schälen – 23 **ajouter qc** mettre qc en plus – 27 **une quantité** Menge

Der komplette Hörtext ist online verfügbar

Klett-Online-Code
9k69ve

Abspielbar:
– online
– auf mp3-Player
– von Audio-CD*

Neben der Audio-Datei finden Sie dort auch die komplette Trackliste mit den Verweisen auf die Kapitel, die Seiten im Buch sowie die Abspieldauer der einzelnen Tracks.

* Die mp3-Dateien dürfen für den persönlichen Gebrauch konvertiert und auf Audio-CD gebrannt werden.

Crédits photographiques
8 Nicolas Sconza, Berlin; **9** Fotolia.com (audrey bindi), New York; **10** dreamstime.com (Jannis Werner), Brentwood, TN; **14** dreamstime.com (Michal Steckiw), Brentwood, TN; **15** Nicolas Sconza, Berlin; **16** Nicolas Sconza, Berlin; **18** laif (Philippe Renault/hemis.fr), Köln; **19** Fotolia.com (Didier Morlot), New York; **20** Corbis (Rune Hellestad), Düsseldorf; **22** Nicolas Sconza, Berlin; **23** Colocho, Wikimedia Commons, lizenziert unter Creative Commons Attribution-Share Alike 2.5 Generic, URL: https://creativecommons.org/licenses/by-sa/2.5/deed.de (Colocho), ; **29** FRED, Wikimedia Commons, lizenziert unter Creative Commons Attribution-Share Alike 3.0 Unported license, URL: http://creativecommons.org/licenses/by-sa/3.0/deed.de (FRED); **30** Nicolas Sconza, Berlin; **34** Nicolas Sconza, Berlin; **35** Fotolia.com (Thomas Francois), New York; **37** dreamstime.com (Wangkun Jia), Brentwood, TN; **38** Fotolia.com (Iustil), New York; **39** dreamstime.com (Mirceax), Brentwood, TN; **42** Nicolas Sconza, Berlin; **44** dreamstime.com (Easyshutter), Brentwood, TN; **47** Antje Heusing, Stuttgart; **48** dreamstime.com (Jeannette Lambert), Brentwood, TN; **49** Denis Jacquerye, Wikimedia Commons, lizenziert unter Creative Commons Attribution-Share Alike 2.0 Generic, URL: http://creativecommons.org/licenses/by-sa/2.0/deed.de (Denis Jacquerye), ; **51** dreamstime.com (Olivpouk), Brentwood, TN; **52** MCGILL UNIVERSITY (), Montréal; **55** dreamstime.com (Sevenchang), Brentwood, TN; **56** Fotolia.com (Sam Spiro), New York; **59** dreamstime.com (Mirceax), Brentwood, TN; **60** Nicolas Sconza, Berlin; **61** dreamstime.com (Denis0856), Brentwood, TN; **66** Shawn Goldwater, [Public domain], via Wikimedia Commons ; **69** Fotolia.com (Floki Fotos), New York; **69** Fotolia.com (lesniewski), New York; **79** Fotolia.com (uckyo), New York.